Welcome, young adventurers!

Embark on a festive journey this Easter with our collection of word searches, perfectly crafted just for you. As you dive into these pages, you'll find yourself on an adventure filled with challenges that celebrate the joy and renewal of Easter. Whether you're a master of word puzzles or just starting out, this book promises fun and excitement for everyone.

Happy Easter and enjoy the search!

Copyright 2024

```
O  S  Z  X  X  J  K  A  C  Z  Y  W  V  R  Y
O  T  A  U  H  N  N  L  B  S  G  G  E  O  P
B  Q  Y  J  L  Q  D  K  Y  Z  A  B  X  D  L
I  W  L  K  Y  N  S  N  Y  G  C  J  P  U  M
E  Y  M  H  S  Z  N  H  N  A  S  M  I  Z  X
W  F  U  H  U  U  Z  J  G  J  U  E  N  B  D
P  V  I  D  B  N  M  C  N  V  S  Y  R  Y  K
C  E  P  P  R  H  T  D  I  T  E  G  P  I  T
S  N  E  W  Z  W  A  V  R  N  J  M  N  J  Z
L  I  H  P  V  B  E  Q  P  W  R  R  J  L  L
H  B  M  R  S  Y  G  S  S  H  N  M  R  E  F
O  T  E  K  S  A  B  C  I  S  Z  A  C  K  G
M  H  N  F  G  B  F  Y  Q  Y  C  A  Y  Q  J
Y  A  P  A  K  K  X  B  S  A  I  C  G  T  E
U  E  T  A  L  O  C  O  H  C  K  B  W  Y  J
```

1. SPRING   2. HUNT   3. EGGS   4. PEEPS
5. JESUS   6. BUNNY   7. BASKET   8. CHOCOLATE

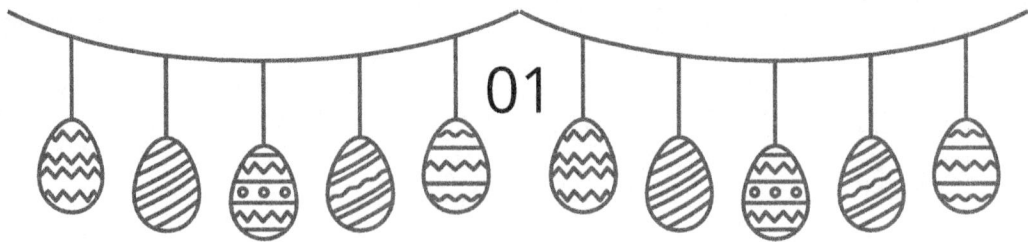

SOLUTION

```
O S Z X X J K A C Z Y W V R Y
O T A U H N N L B S G G E O P
B Q Y J L Q D K Y Z A B X D L
I W L K Y N S N Y G C J P U M
E Y M H S Z N H N A S M I Z X
W F U H U U Z J G J U E N B D
P V I D B N M C N V S Y R Y K
C E P P R H T D I T E G P I T
S N E W Z W A V R N J M N J Z
L I H P V B E Q P W R R J L L
H B M R S Y G S S H N M R E F
O T E K S A B C I S Z A C K G
M H N F G B F Y Q Y C A Y Q J
Y A P A K K X B S A I C G T E
U E T A L O C O H C K B W Y J
```

1. SPRING
2. HUNT
3. EGGS
4. PEEPS
5. JESUS
6. BUNNY
7. BASKET
8. CHOCOLATE

```
C Y B R I C F U U N Z X O N H
T N A B Q F L O W E R U R B M
E D U D J I B S S O R C X R R
K Y Z M N I R F X Q M Y A Y U
J J O S E U K C W K Z H B B A
P A S T E L S C R J F I N J P
Z C U X I K W Y Z S E F Z A A
X U K X A D L Q G Y E T P K R
N L R R C I K I U E Y B A T A
B E M Z M S F I X D Y L G Z D
F J M A V E F B N K S L R G E
Z H F B U K O A O L D P H L K
R K N Y A Q C U E F C H I C K
D R P F K E O W M O D G R M D
F H W M Q Y Q B S X K E O W J
```

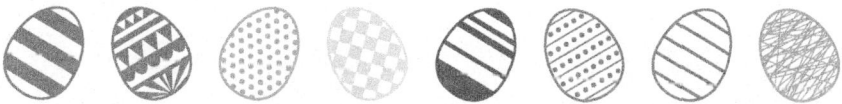

1. CANDY	2. CROSS	3. CHICK	4. FLOWER
5. FAMILY	6. SUNDAY	7. PASTEL	8. PARADE

SOLUTION

```
C Y B R I C F U U N Z X O N H
T N A B Q F L O W E R U R B M
E D U D J I B S S O R C X R R
K Y Z M N I R F X Q M Y A Y U
J J O S E U K C W K Z H B B A
P A S T E L S C R J F I N J P
Z C U X I K W Y Z S E F Z A P
X U K X A D L Q G Y E T P K A R
N L R R C I K I U E Y B A T A
B E M Z M S F I X D Y L G Z D
F J M A V E F B N K S L R G E
Z H F B U K O A O L D P H L K
R K N Y A Q C U E F C H I C K
D R P F K E O W M O D G R M D
F H W M Q Y Q B S X K E O W J
```

1. CANDY   2. CROSS   3. CHICK   4. FLOWER
5. FAMILY   6. SUNDAY   7. PASTEL   8. PARADE

```
G F Q G Y G Z Y A A S J K S F
L U P C L F H B L J U X Q K H
S C A R R O T S O D N I C R L
R S V M K S Y Y X R D Y D B K
E P S O R K T J D J A A B B B
N P N C S G S T V E Y D O Q L
E S O F Y O P V I A C I N H W
W L I I S O T Z Y D Z R H A S
A G T G V D P G Z O I F H M V
L A I G H Q M D L A C A A D T
V X D J L L C K X F D R Q P V
S Q A Q K U E H U N N D Y U W
V B R R C E L E B R A T I O N
N Q T Q D B O I L Z H U V M G
X A X J M K M H U T G Z J A V
```

1. GOOD   2. FRIDAY   3. CARROTS   4. JOY
5. TRADITIONS   6. CELEBRATION   7. RENEWAL   8. SUNDAY

SOLUTION

```
G F Q G Y G Z Y A A S J K S F
L U P C L F H B L J U X Q K H
S C A R R O T S O D N I C R L
R S V M K S Y Y X R D Y D B K
E P S O R K T J D J A A B B B
N P N C S G S T V E Y D O Q L
E S O F Y O P V I A C I N H W
W L I I S O T Z Y D Z R H A S
A G T G V D P G Z O I F H M V
L A I G H Q M D L A C A A D T
V X D J L L C K X F D R Q P V
S Q A Q K U E H U N N D Y U W
V B R R C E L E B R A T I O N
N Q T Q D B O I L Z H U V M G
X A X J M K M H U T G Z J A V
```

1. GOOD
2. FRIDAY
3. CARROTS
4. JOY
5. TRADITIONS
6. CELEBRATION
7. RENEWAL
8. SUNDAY

R Y F E M A I B B R E T S A E
S M L D P S T B Y F W W G J E
L M O N D B X Y N A X Y C Q I
X T C S N V E V I M S J T J H
D P F S M L S A R Z H W V V B
I U R B E W E T E A F L Y Y R
W H G O E L B I T L E Q M T H
R O X E P O H C T V Y V Q C E
O F T Q O E H C Z Q Z T M X Y
O A K C P K N K Y N X K W V B
I Q W F G I Q T L M B E I H A
P D E C O R A T E F N T M U Z
Q R Y C D X E F A F K F X F E
I H F O R G I V E N E S S O T
R V M X J U J E R E B I R T H

1. NEW
2. HATCH
3. FORGIVENESS
4. HOP
5. SWEET
6. REBIRTH
7. EASTER
8. DECORATE

SOLUTION

```
R Y F E M A I B B R E T S A E
S M L D P S T B Y F W W G J E
L M O N D B X Y N A X Y C Q I
X T C S N V E V I M S J T J H
D P F S M L S A R Z H W V V B
I U R B E W E T E A F L Y Y R
W H G O E L B I T L E Q M T H
R O X E P O H C T V Y V Q C E
O F T Q O E H C Z Q Z T M X Y
O A K C P K N K Y N X K W V B
I Q W F G I Q T L M B E I H A
P D E C O R A T E F N T M U Z
Q R Y C D X E F A F K F X F E
I H F O R G I V E N E S S O T
R V M X J U J E R E B I R T H
```

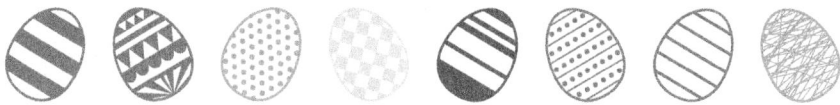

1. NEW   2. HATCH   3. FORGIVENESS 4. HOP
5. SWEET   6. REBIRTH   7. EASTER   8. DECORATE

```
Y  A  Z  W  E  S  P  R  I  N  G  N  O  F  D
W  L  N  B  J  T  G  A  B  N  U  A  F  Q  R
D  L  S  I  Q  S  S  W  I  C  B  A  F  U  Q
P  R  F  S  A  J  Y  A  H  N  U  O  V  T  N
Y  E  D  O  T  Q  C  B  E  N  I  B  B  D  G
S  T  S  N  J  P  K  A  A  F  Q  F  V  S  K
L  S  T  S  N  X  A  U  O  B  H  K  K  S  G
P  A  V  E  I  Y  L  S  F  O  O  E  W  T  K
M  E  Z  E  D  A  D  D  S  R  B  O  U  E  G
M  A  Z  L  S  Q  F  V  L  I  Y  J  S  K  X
E  L  I  D  J  T  Z  W  F  Y  O  S  H  S  J
S  A  L  V  A  T  I  O  N  U  I  N  V  A  U
F  K  U  I  L  Y  L  N  W  Z  L  J  N  B  O
R  N  D  E  K  D  P  I  O  Q  K  L  R  W  T
S  T  M  P  D  T  H  J  D  V  T  N  G  O  C
```

1. BASKETS   2. FULL   3. SPRING   4. FEAST
5. PASSION   6. BABY   7. SALVATION   8. EASTER

SOLUTION

```
Y  A  Z  W  E  S  P  R  I  N  G  N  O  F  D
W  L  N  B  J  T  G  A  B  N  U  A  F  Q  R
D  L  S  I  Q  S  S  W  I  C  B  A  F  U  Q
P  R  F  S  A  J  Y  A  H  N  U  O  V  T  N
Y  E  D  O  T  Q  C  B  E  N  I  B  B  D  G
S  T  S  N  J  P  K  A  F  Q  F  V  S  K
L  S  T  S  N  X  A  U  O  B  H  K  K  S  G
P  A  V  E  I  Y  L  S  F  O  O  E  W  T  K
M  E  Z  E  D  A  D  D  S  R  B  O  U  E  G
M  A  Z  L  S  Q  F  V  L  I  Y  J  S  K  X
E  L  I  D  J  T  Z  W  F  Y  O  S  H  S  J
S  A  L  V  A  T  I  O  N  U  I  N  V  A  U
F  K  U  I  L  Y  L  N  W  Z  L  J  N  B  O
R  N  D  E  K  D  P  I  O  Q  K  L  R  W  T
S  T  M  P  D  T  H  J  D  V  T  N  G  O  C
```

1. BASKETS
2. FULL
3. SPRING
4. FEAST
5. PASSION
6. BABY
7. SALVATION
8. EASTER

```
H  N  E  W  Y  W  A  N  F  C  C  S  C  A  K
G  D  M  Y  L  L  E  J  N  O  B  B  I  R  E
B  Z  W  G  Y  J  E  G  T  M  D  X  H  W  G
R  B  Y  T  B  U  W  M  H  D  J  X  I  K  A
D  E  K  Y  W  E  O  I  F  B  J  Z  Q  H  N
A  E  F  L  C  M  Q  R  H  D  Z  E  R  X  E
N  R  H  S  U  O  I  G  I  L  E  R  E  U  E
O  C  N  C  O  A  V  B  F  M  L  O  T  N  E
V  M  Z  H  M  B  L  E  S  S  E  D  T  N  S
M  L  M  R  I  T  A  F  I  V  C  H  I  I  J
F  L  J  I  M  H  Y  Y  T  H  O  Y  L  V  N
J  V  W  S  N  N  R  D  L  P  E  J  G  D  M
B  A  F  T  W  E  J  G  L  O  Y  Y  A  D  S
K  F  M  F  I  P  L  U  V  L  H  S  L  Y  B
Q  U  N  N  A  N  C  X  I  E  H  F  V  E  I
```

1. BLESSED	2. RELIGIOUS	3. HOLY	4. CHRIST
5. RIBBON	6. DYE	7. JELLY	8. GLITTER

SOLUTION

```
H N E W Y W A N F C C S C A K
G D M Y L L E J N O B B I R E
B Z W G Y J E G T M D X H W G
R B Y T B U W M H D J X I K A
D E K Y W E O I F B J Z Q H N
A E F L C M Q R H D Z E R X E
N R H S U O I G I L E R E U E
O C N C O A V B F M L O T N E
V M Z H M B L E S S E D T N S
M L M R I T A F I V C H I I J
F L J I M H Y Y T H O Y L V N
J V W S N N R D L P E J G D M
B A F T W E J G L O Y Y A D S
K F M F I P L U V L H S L Y B
Q U N N A N C X I E H F V E I
```

1. BLESSED
5. RIBBON
2. RELIGIOUS
6. DYE
3. HOLY
7. JELLY
4. CHRIST
8. GLITTER

```
H L Y A P Z M W P M P V T S U
F G G K C I R H E E G G S T O
B U K C R U T S A F K A E R B
E E M W R E F L E C T I O N K
J W H U O N H K E L W T H C F
J U M L C R E M J O O C S M C
K S X I V E S S E V A S E R S
D J E R G L Y H L E K A P U C
C A W Z Y Y D K I O O E M E H
X Z C T J I D B Q P S M F H X
H A D Q N M L D Z A L L H E U
R E I N X R W U K O M Q A H T
P I E W G W I G N Y U V I O P
I R K B R U N C H C T I C C P
Z P M A Q Q Z H T H H F K L K
```

1. LUNCH
2. DINNER
3. WORSHIP
4. LOVE
5. EGGS
6. BRUNCH
7. BREAKFAST
8. REFLECTION

SOLUTION

```
H L Y A P Z M W P M P V I S U
F G G K C I R H E E G G S T O
B U K C R U T S A F K A E R B
E E M W R E F L E C T I O N K
J W H U O N H K E L W T H C F
J U M L C R E M J O O C S M C
K S X I V E S S E V A S E R S
D J E R G L Y H L E K A P U C
C A W Z Y Y D K I O O E M E H
X Z C T J I D B Q P S M F H X
H A D Q N M L D Z A L L H E U
R E I N X R W U K O M Q A H T
P I E W G W I G N Y U V I O P
I R K B R U N C H C T I C C P
Z P M A Q Q Z H T H H F K L K
```

1. LUNCH
5. EGGS

2. DINNER
6. BRUNCH

3. WORSHIP
7. BREAKFAST

4. LOVE
8. REFLECTION

```
Z Z T O E N F Z W K J C L P E
G E C Q L C K Y X X G Z A L Q
R S D Q C O L W X B A K M H Q
A I X W A U A M O E T F J D D
C R N T R P R E C J H Z I B S
E N F F I M V I G I E R V U T
U U K A M C O W N V R Y O X J
O S B D M J K K G E I N G C O
S N H U E I S Z E F N K S T X
Y W S R Z T L Z V P G G Q U Q
A X Z B I S R Y N O M A U J Y
J T N M Y T I N U M M O C Y Z
E R M N Z M Q F K E T J M K K
I B L D U R E Q E N G U D K M
Q K F S E I T I V I T C A I P
```

1. SUNRISE
2. REJOICE
3. COMMUNITY
4. FAMILY
5. MIRACLE
6. GATHERING
7. GRACE
8. ACTIVITIES

SOLUTION

```
Z Z T O E N F Z W K J C L P E
G E C Q L C K Y X X G Z A L Q
R S D Q C O L W X B A K M H Q
A I X W A U A M O E T F J D D
C R N T R P R E C J H Z I B S
E N F F I M V I G I E R V U T
U U K A M C O W N V R Y O X J
O S B D M J K K G E I N G C O
S N H U E I S Z E F N K S T X
Y W S R Z T L Z V P G G Q U Q
A X Z B I S R Y N O M A U J Y
J T N M Y T I N U M M O C Y Z
E R M N Z M Q F K E T J M K K
I B L D U R E Q E N G U D K M
Q K F S E I T I V I T C A I P
```

1. SUNRISE
2. REJOICE
3. COMMUNITY
4. FAMILY
5. MIRACLE
6. GATHERING
7. GRACE
8. ACTIVITIES

```
F N L R S G E K H Y H P Q F O
X O T T U U R G O K Z G D T F
E K F S J L R N Z G I B T U N
L M A E V Z I H Z K H N I B F
Q F N S G T X J S E W G I I X
Q L G S S U N S H I N E R C E
M V A O Q V N H L I T G P G X
E W I R A F M I N E N U R A C
R E T C O K Q A F I A Z P A I
R G D O L F L D R K L K L W T
I T N Y I O R P A T J T G I E
M E I G O E S U Y A R F F K M
E Y N H W A N O I T A C A V E
N P C T H G I L E D G W T T N
T S Z V I L J I I J Q D K M T
```

1. DELIGHT
2. CROSSES
3. VACATION
4. SPRING
5. SUNSHINE
6. EXCITEMENT
7. SCHOOL
8. MERRIMENT

SOLUTION

```
F N L R S G E K H Y H P Q F O
X O T T U U R G O K Z G D T F
E K F S J L R N Z G I B T U N
L M A E V Z I H Z K H N I B F
Q F N S G T X J S E W G I I X
Q L G S S U N S H I N E R C E
M V A O Q V N H L I T G P G X
E W I R A F M I N E N U R A C
R E T C O K Q A F I A Z P A I
R G D O L F L D R K L K L W T
I T N Y I O R P A T J T G I E
M E I G O E S U Y A R F F K M
E Y N H W A N O I T A C A V E
N P C T H G I L E D G W T T N
T S Z V I L J I I J Q D K M T
```

1. DELIGHT
2. CROSSES
3. VACATION
4. SPRING
5. SUNSHINE
6. EXCITEMENT
7. SCHOOL
8. MERRIMENT

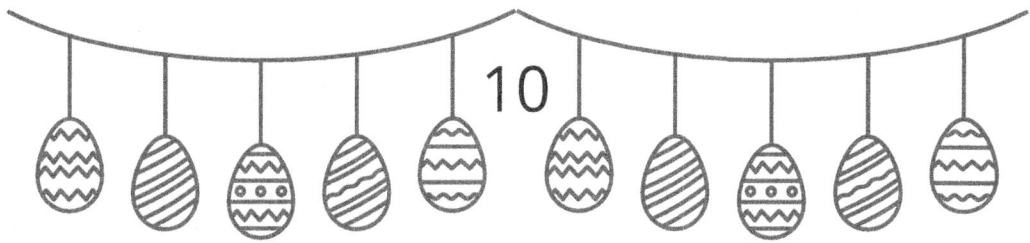

```
Z A L L E L U I A S W T W H A
B C A L M C Z E D R Z W C C Z
L A Z F N B C N L E V E P Z E
B X W Q D Y P I Y W X T Q W E
B V M B E J I V T O K F R J T
R H Q B V I W I I L V S F V S
Q O O B O X C D N F P J U J A
T H H I T V A F E I O Y K L G
C Y U R I Q P S R X Q O C D O
F H K V O H G I E S M P X E L
G A E U N P T Q S F O Z X E K
Y N U N B U O Y P T D X W D B
M I V O A C H U R C H W J P F
U M U L N M D V R H R T J J S
P R S G N I S S E L B S L M I
```

1. DIVINE
2. BLESSINGS
3. ALLELUIA
4. CHURCH
5. SERENITY
6. FLOWERS
7. SPIRITUAL
8. DEVOTION

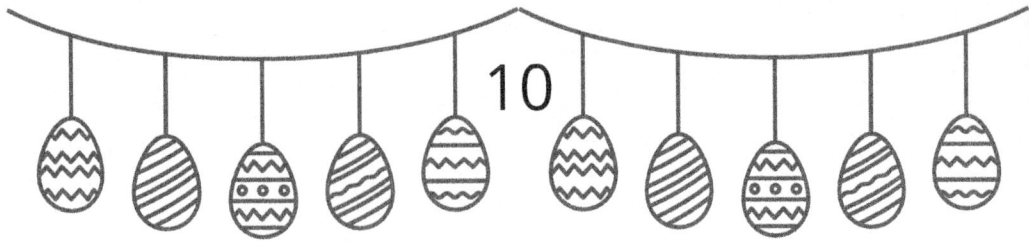

SOLUTION

```
Z  A  L  L  E  L  U  I  A  S  W  T  W  H  A
B  C  A  L  M  C  Z  E  D  R  Z  W  C  C  Z
L  A  Z  F  N  B  C  N  L  E  V  E  P  Z  E
B  X  W  Q  D  Y  P  I  Y  W  X  T  Q  W  E
B  V  M  B  E  J  I  V  T  O  K  F  R  J  T
R  H  Q  B  V  I  W  I  I  L  V  S  F  V  S
Q  O  O  B  O  X  C  D  N  F  P  J  U  J  A
T  H  H  I  T  V  A  F  E  I  O  Y  K  L  G
C  Y  U  R  I  Q  P  S  R  X  Q  O  C  D  O
F  H  K  V  O  H  G  I  E  S  M  P  X  E  L
G  A  E  U  N  P  T  Q  S  F  O  Z  X  E  K
Y  N  U  N  B  U  O  Y  P  T  D  X  W  D  B
M  I  V  O  A  C  H  U  R  C  H  W  J  P  F
U  M  U  L  N  M  D  V  R  H  R  T  J  J  S
P  R  S  G  N  I  S  S  E  L  B  S  L  M  I
```

1. DIVINE	2. BLESSINGS	3. ALLELUIA	4. CHURCH
5. SERENITY	6. FLOWERS	7. SPIRITUAL	8. DEVOTION

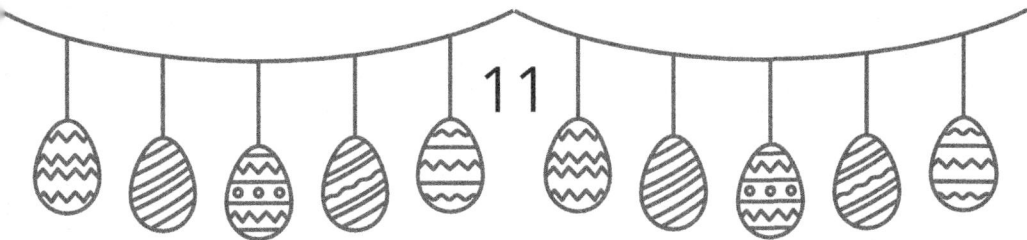

```
C S E R E N I T Y P Z S H Z V
K P Z G F B S O E T H N G H T
Y J S V X B V T I P U A K V B
F E H N Q H X R D I Y L W K L
W T Q F W W I D D U Z L A X A
V I B U O P F K Z N Q E K H U
B L E S S I N G S L I L I U T
L W V E U G E P P H P U S Z I
D O V S I Z F J Y E S I X F R
S K E B Y X U W N N D A G G I
Y Y T I N A I T S I R H C F P
C A R U H G R T Y V N B I D S
E Z V C O O D J L I V E C W B
M X F V P M N R O D W T O Z V
H P P W I X D T H O R K Q C G
```

1. BLESSINGS   2. SPIRIT   3. DIVINE   4. HOLY
5. ALLELUIA   6. SERENITY   7. SPIRITUAL   8. CHRISTIANITY

SOLUTION

```
C S E R E N I T Y P Z S H Z V
K P Z G F B S O E T H N G H T
Y J S V X B V T I P U A K V B
F E H N Q H X R D I Y L W K L
W T Q F W W I D D U Z L A X A
V I B U O P F K Z N Q E K H U
B L E S S I N G S L I L I U T
L W V E U G E P P H P U S Z I
D O V S I Z F J Y E S I X F R
S K E B Y X U W N N D A G G I
Y Y T I N A I T S I R H C F P
C A R U H G R T Y V N B I D S
E Z V C O O D J L I V E C W B
M X F V P M N R O D W T O Z V
H P P W I X D T H O R K Q C G
```

1. BLESSINGS
2. SPIRIT
3. DIVINE
4. HOLY
5. ALLELUIA
6. SERENITY
7. SPIRITUAL
8. CHRISTIANITY

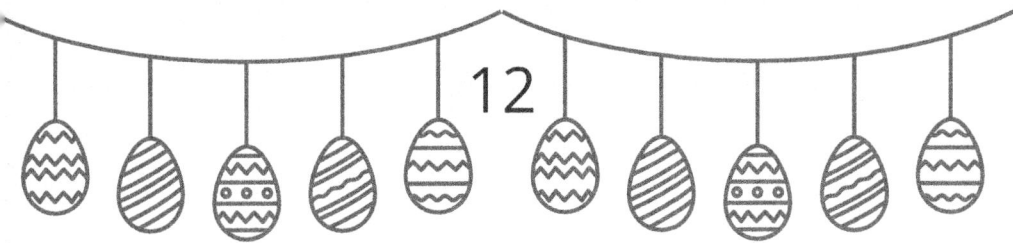

```
W N F H J J N O I T A V L A S
H F X O K Z N J N U T I R B K
B Y I H R J M O R J B E T A G
I T L A A G I I R F T N C O I
M S V Q G N I G C A V R S B H
L K N X U R Y V W M Q V H N U
S W K M W R G D E Q F V E F O
M C M R M W P E O N Y R M A S
G O S D I S C I P L E G Y I O
C Z M L P V G Q E K N S B T K
E P I Y U T K M A W P M S H G
C I V M J B I B L I C A L F T
H P W M M E L R L E B K N U S
Z V N L I C P V U Y H Y G L O
B P P L E E J G Y Q P G Q U J
```

1. COMMUNION 2. BIBLICAL 3. WATER 4. SALVATION
5. DISCIPLE 6. FAITHFUL 7. FORGIVENESS

SOLUTION

```
W N F H J J N O I T A V L A S
H F X O K Z N J N U T I R B K
B Y I H R J M O R J B E T A G
I T L A A G I I R F T N C O I
M S V Q G N I G C A V R S B H
L K N X U R Y V W M Q V H N U
S W K M W R G D E Q F V E F O
M C M R M W P E O N Y R M A S
G O S D I S C I P L E G Y I O
C Z M L P V G Q E K N S B T K
E P I Y U T K M A W P M S H G
C I V M J B I B L I C A L F T
H P W M M E L R L E B K N U S
Z V N L I C P V U Y H Y G L O
B P P L E E J G Y Q P G Q U J
```

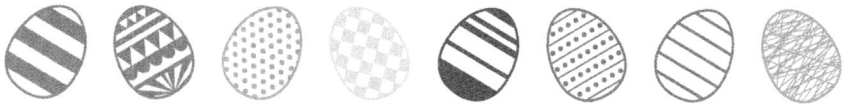

1. COMMUNION 2. BIBLICAL   3. WATER   4. SALVATION
5. DISCIPLE   6. FAITHFUL   7. FORGIVENESS

```
W Y X I L U F E C A R G T H H
Z U L O J H B F W Z X J S C O
F G H P C W B T C D V C C C F
B K L M I O N H Q P S G R B H
Z L T C L Y V O L N T G U F B
M M N K E S T O C Y L R C V C
L N G B G F I I Y H R S I I L
V N I H N S Z P N W J B F T M
W W B D A C B Y M I L O I V L
E B B D E V O U T X R S X B L
V N B H Y L O H I P E T I G W
S I A E F E U K H R T U O C O
A D J F H Z M P M O T E N A P
D T U S A C R I F I C E S B I
U S G N O I T C E R R U S E R
```

1. CRUCIFIXION
2. HOLY
3. SACRIFICE
4. ANGELIC
5. TRINITY
6. DEVOUT
7. RESURRECTION
8. GRACEFUL

13

SOLUTION

```
W Y X I L U F E C A R G T H H
Z U L O J H B F W Z X J S C O
F G H P C W B T C D V C C C F
B K L M I O N H Q P S G R B H
Z L T C L Y V O L N T G U F B
M M N K E S T O C Y L R C V C
L N G B G F I I Y H R S I I L
V N I H N S Z P N W J B F T M
W W B D A C B Y M I L O I V L
E B B D E V O U T X R S X B L
V N B H Y L O H I P E T I G W
S I A E F E U K H R T U O C O
A D J F H Z M P M O T E N A P
D T U S A C R I F I C E S B I
U S G N O I T C E R R U S E R
```

1. CRUCIFIXION
2. HOLY
3. SACRIFICE
4. ANGELIC
5. TRINITY
6. DEVOUT
7. RESURRECTION
8. GRACEFUL

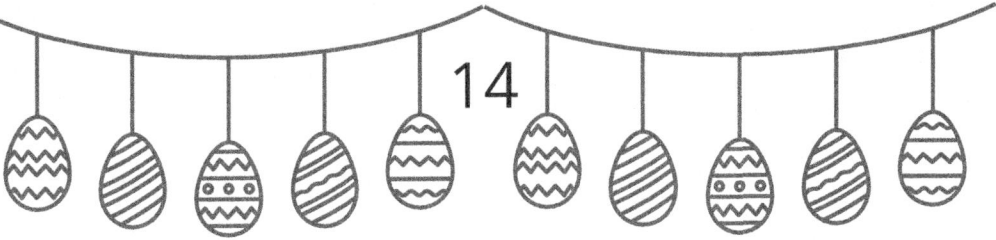

```
F  P  O  Z  A  Y  A  V  D  S  G  J  Q  B  O
G  A  F  U  K  U  P  E  A  V  Z  O  R  N  S
L  S  M  V  G  E  P  K  B  V  W  O  T  P  L
M  S  L  X  U  Z  E  T  B  T  A  K  Y  K  U
E  P  J  G  Y  I  M  W  Z  Z  W  U  X  R  R
P  R  E  V  O  L  B  S  J  Y  Y  O  L  T  P
E  I  J  R  L  A  Q  C  F  H  Q  T  H  K  C
C  N  Q  B  P  A  S  S  O  V  E  R  J  M  L
M  G  M  L  M  C  N  G  D  E  W  E  N  E  R
X  T  X  E  D  T  E  M  G  T  Q  B  K  N  U
Z  I  Q  S  T  P  Z  F  W  I  B  N  B  X  J
P  M  T  S  W  U  O  D  W  Y  L  S  X  H  O
I  E  D  I  A  E  H  V  U  T  Z  V  N  J  L
O  D  J  N  Q  L  N  Y  Y  A  E  H  O  P  E
B  D  N  G  S  X  S  Y  C  M  D  J  R  F  C
```

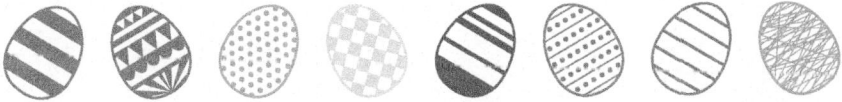

1. LOVE
5. WEEK
2. BLESSING
6. RENEWED
3. HOPE
7. NEW
4. PASSOVER
8. SPRINGTIME

SOLUTION

```
F  P  O  Z  A  Y  A  V  D  S  G  J  Q  B  O
G  A  F  U  K  U  P  E  A  V  Z  O  R  N  S
L  S  M  V  G  E  P  K  B  V  W  O  T  P  L
M  S  L  X  U  Z  E  T  B  T  A  K  Y  K  U
E  P  J  G  Y  I  M  W  Z  Z  W  U  X  R  R
P  R  E  V  O  L  B  S  J  Y  Y  O  L  T  P
E  I  J  R  L  A  Q  C  F  H  Q  T  H  K  C
C  N  Q  B  P  A  S  S  O  V  E  R  J  M  L
M  G  M  L  M  C  N  G  D  E  W  E  N  E  R
X  T  X  E  D  T  E  M  G  T  Q  B  K  N  U
Z  I  Q  S  T  P  Z  F  W  I  B  N  B  X  J
P  M  T  S  W  U  O  D  W  Y  L  S  X  H  O
I  E  D  I  A  E  H  V  U  T  Z  V  N  J  L
O  D  J  N  Q  L  N  Y  Y  A  E  H  O  P  E
B  D  N  G  S  X  S  Y  C  M  D  J  R  F  C
```

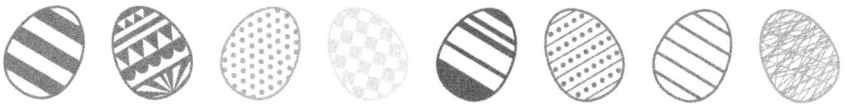

1. LOVE
5. WEEK

2. BLESSING
6. RENEWED

3. HOPE
7. NEW

4. PASSOVER
8. SPRINGTIME

Y N O M R A H Y H J U I J L D
B C S B G K A B U N D A N C E
E H O U S N C D C W O F Q H D
G M I F I E I W N O R D R O W
I L F H N T R C E U J O F P U
N V Q P X H Y E I Q X Z P E W
N L D F R N U L N O B A V G H
I D H S E O I W E I J I F P G
N O B T Q R M V F B T E O L G
G X O V N P T I P O J Y R H F
S Q K I Z R S I S V C V W P T
J S V R Z X X V L E A L D Y R
Q L U C Q F O X B I G W Y M W
W E G Z X N B S P M T T I R I
R K C P I E A N T J C Y H H B

1. HARMONY　　2. HOPE　　　　3. FERTILITY　　4. PROMISE
5. BEGINNINGS　6. REJOICING　　7. SERENITY　　8. ABUNDANCE

SOLUTION

```
Y  N  O  M  R  A  H  Y  H  J  U  I  J  L  D
B  C  S  B  G  K  A  B  U  N  D  A  N  C  E
E  H  O  U  S  N  C  D  C  W  O  F  Q  H  D
G  M  I  F  I  E  I  W  N  O  R  D  R  O  W
I  L  F  H  N  T  R  C  E  U  J  O  F  P  U
N  V  Q  P  X  H  Y  E  I  Q  X  Z  P  E  W
N  L  D  F  R  N  U  L  N  O  B  A  V  G  H
I  D  H  S  E  O  I  W  E  I  J  I  F  P  G
N  O  B  T  Q  R  M  V  F  B  T  E  O  L  G
G  X  O  V  N  P  T  I  P  O  J  Y  R  H  F
S  Q  K  I  Z  R  S  I  S  V  C  V  W  P  T
J  S  V  R  Z  X  X  V  L  E  A  L  D  Y  R
Q  L  U  C  Q  F  O  X  B  I  G  W  Y  M  W
W  E  G  Z  X  N  B  S  P  M  T  T  I  R  I
R  K  C  P  I  E  A  N  T  J  C  Y  H  H  B
```

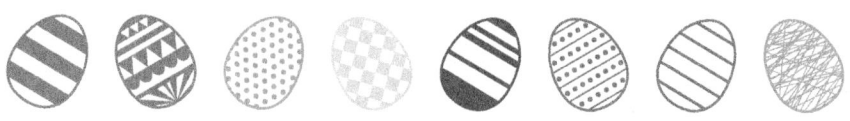

1. HARMONY   2. HOPE   3. FERTILITY   4. PROMISE
5. BEGINNINGS   6. REJOICING   7. SERENITY   8. ABUNDANCE

16

P O V I E M Z J L A W E N E R
D Y U N H E Q V L H H I A Y W
I R R T R V W X A I A C S B F
F U E M B M K H N N K J N V B
K G V M B X T H O N F J O L O
Y O I U Y L A Z S O D F I H V
D J V Y L C D N A C G I T Y K
T I A T I T H J E E W K I T J
D S L T M U H Q S N X C D J C
K A J O A T Q G I C J C A D J
D H Y S F F L D I E M F R B Q
Q F S C J V R Z G R A V T V K
D E A N P R Z E S C B U B N A
I I X P E L E C D E M B O U S
U R F A I S T D K Y T I R U P

1. FAMILY 2. REVIVAL 3. INNOCENCE 4. SEASONAL
5. PURITY 6. BRIGHT 7. RENEWAL 8. TRADITIONS

16

SOLUTION

```
P O V I E M Z J L A W E N E R
D Y U N H E Q V L H H I A Y W
I R R T R V W X A I A C S B F
F U E M B M K H N N K J N V B
K G V M B X T H O N F J O L O
Y O I U Y L A Z S O D F I H V
D J V Y L C D N A C G I T Y K
T I A T I T H J E E W K I T J
D S L T M U H Q S N X C D J C
K A J O A T Q G I C J C A D J
D H Y S F F L D I E M F R B Q
Q F S C J V R Z G R A V T V K
D E A N P R Z E S C B U B N A
I I X P E L E C D E M B O U S
U R F A I S T D K Y T I R U P
```

1. FAMILY
2. REVIVAL
3. INNOCENCE
4. SEASONAL
5. PURITY
6. BRIGHT
7. RENEWAL
8. TRADITIONS

```
Y  Z  V  G  G  J  M  G  D  K  F  E  W  Y  S
H  N  D  H  I  F  X  M  Q  X  A  Z  G  O  P
U  Y  O  O  C  G  B  Z  F  T  M  F  Z  R  V
N  D  E  E  W  Z  D  G  Z  L  I  O  Y  E  X
Y  S  L  B  T  E  X  L  D  B  L  C  D  N  G
T  V  O  Q  L  F  N  M  B  U  Y  X  V  E  S
X  P  N  R  V  J  N  Y  A  E  F  V  K  W  D
Y  B  X  K  N  D  S  O  T  E  K  Y  A  A  G
V  E  J  O  Y  F  U  L  N  E  S  S  C  L  J
D  G  J  O  S  E  Q  H  K  I  M  B  T  R  S
T  R  V  R  E  B  I  R  T  H  S  G  U  L  D
B  U  W  U  U  L  Y  D  S  R  O  L  O  C  J
Q  H  R  W  O  S  A  C  R  E  D  N  E  S  S
L  E  V  O  L  E  B  Z  A  G  J  L  R  F  R
E  V  A  E  U  Y  R  Y  A  T  W  D  P  X  Q
```

1. FAMILY   2. COLORS   3. NEW   4. RENEWAL
5. SACREDNESS 6. REBIRTH   7. LOVE   8. JOYFULNESS

SOLUTION

```
Y Z V G G J M G D K F E W Y S
H N D H I F X M Q X A Z G O P
U Y O O C G B Z F T M F Z R V
N D E E W Z D G Z L I O Y E X
Y S L B T E X L D B L C D N G
T V O Q L F N M B U Y X V E S
X P N R V J N Y A E F V K W D
Y B X K N D S O T E K Y A A G
V E J O Y F U L N E S S C L J
D G J O S E Q H K I M B T R S
T R V R E B I R T H S G U L D
B U W U U L Y D S R O L O C J
Q H R W O S A C R E D N E S S
L E V O L E B Z A G J L R F R
E V A E U Y R Y A T W D P X Q
```

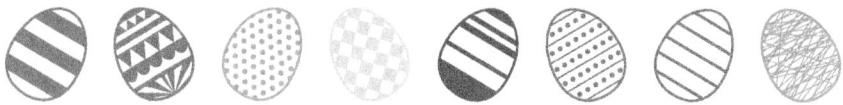

1. FAMILY 2. COLORS 3. NEW 4. RENEWAL
5. SACREDNESS 6. REBIRTH 7. LOVE 8. JOYFULNESS

```
Q  S  I  D  A  B  X  F  Y  I  H  C  W  U  Q
Z  T  V  O  X  A  N  T  E  A  O  R  L  H  M
S  U  R  Y  V  K  I  G  V  H  P  O  B  W  V
W  Q  I  U  K  V  G  J  I  F  E  Y  C  M  F
H  S  C  C  I  W  L  A  S  X  V  O  G  I  W
D  K  B  T  E  K  C  R  N  A  E  R  U  T  L
U  S  S  N  J  N  T  S  S  F  O  F  K  W  D
Z  E  Z  L  H  A  V  Z  O  W  P  N  F  E  G
F  U  N  I  F  I  C  A  T  I  O  N  H  H  R
A  U  O  Q  R  V  L  H  N  O  I  J  A  L  K
Z  U  G  D  C  D  X  S  M  F  R  B  T  N  Z
C  H  E  E  R  F  U  L  N  E  S  S  W  B  A
D  B  L  U  G  X  B  C  V  D  L  M  S  L  D
O  M  Q  H  A  P  P  I  N  E  S  S  S  A  M
R  E  J  U  V  E  N  A  T  I  O  N  L  S  R
```

1. NEW
2. HAPPINESS
3. FESTIVITY
4. HOPE
5. GROWTH
6. REJUVENATION
7. CHEERFULNESS
8. UNIFICATION

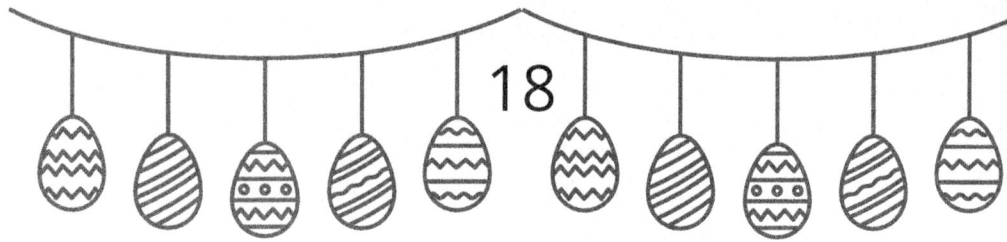

SOLUTION

```
Q  S  I  D  A  B  X  F  Y  I  H  C  W  U  Q
Z  T  V  O  X  A  N  T  E  A  O  R  L  H  M
S  U  R  Y  V  K  I  G  V  H  P  O  B  W  V
W  Q  I  U  K  V  G  J  I  F  E  Y  C  M  F
H  S  C  C  I  W  L  A  S  X  V  O  G  I  W
D  K  B  T  E  K  C  R  N  A  E  R  U  T  L
U  S  S  N  J  N  T  S  S  F  O  F  K  W  D
Z  E  Z  L  H  A  V  Z  O  W  P  N  F  E  G
F  U  N  I  F  I  C  A  T  I  O  N  H  H  R
A  U  O  Q  R  V  L  H  N  O  I  J  A  L  K
Z  U  G  D  C  D  X  S  M  F  R  B  T  N  Z
C  H  E  E  R  F  U  L  N  E  S  S  W  B  A
D  B  L  U  G  X  B  C  V  D  L  M  S  L  D
O  M  Q  H  A  P  P  I  N  E  S  S  S  A  M
R  E  J  U  V  E  N  A  T  I  O  N  L  S  R
```

1. NEW
5. GROWTH

2. HAPPINESS
6. REJUVENATION

3. FESTIVITY
7. CHEERFULNESS

4. HOPE
8. UNIFICATION

```
G J V D A X X J Q L I J U U X
Y U N T O S M Y X V U N G H R
C Z B C R C T C S C Z O W S L
S E Y X C R M B S A R I U I A
P A F Z B R E A K O N T G Y N
R B F L Y W V V Y Q I A W Q O
I G E P C T K S C M L R J P S
N K I W T I E J S H V B R R A
G D L C F C E T M R X E C B E
A I E F W S S Q O S V L L X S
T F B T R V V V Q E E E P Y K
O P M B K E H N F P S C U I Y
H A B L E S S I N G S E Z N G
V J L V G G N I N E K A W A I
V V K G I C X P T Y O U O I T
```

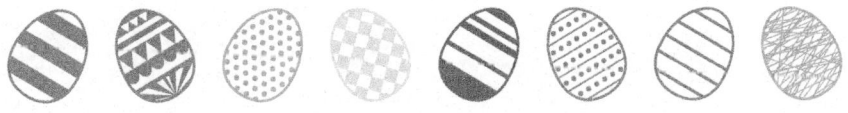

1. BREAK
2. SEASONAL
3. FEVER
4. BLESSINGS
5. SPRING
6. AWAKENING
7. CELEBRATION
8. BELIEF

SOLUTION

```
G  J  V  D  A  X  X  J  Q  L  I     J  U  U  X
Y  U  N  T  O  S  M  Y  X  V  U  N     G  H  R
C  Z  B  C  R  C  T  C  S  C  Z  O     W  S  L
S  E  Y  X  C  R  M  B  S  A  R  I  U  I     A
P  A  F  Z  B  R  E  A  K  O  N  T     G  Y  N
R  B  F  L  Y  W  Y  V  V  Y  Q  I     A  W  Q  O
I  G  E  P  C  T  K  S  C  M  L  R     J  P  S
N  K  I  W  T  I  E  J  S  H  V  B  R     A
G  D  L  C  F  C  E  T  M  R  X  E  C  B  E
A  I  E  F  W  S  S  Q  O  S  V  L  L  X  S
T  F  B  T  R  V  V  V  Q  E     E  P  Y  K
O  P  M  B  K  E  H  N  F     P  S  C  U  I  Y
H  A  B  L  E  S  S  I  N  G  S  E  Z  N  G
V  J  L  V  G  G  N  I  N  E  K  A  W  A  I
V  V  K  G  I  C  X  P  T  Y  O  U  O  I  T
```

1. BREAK
2. SEASONAL
3. FEVER
4. BLESSINGS
5. SPRING
6. AWAKENING
7. CELEBRATION
8. BELIEF

```
Y Q R M C P L P C F X M A H C
M E B W N E F E P E H Z Y U H
Q A X C C B K X I G V A T R R
S R E A D O U A N P X O I M I
Y L R R T E N O I T A V L A S
H G I Y W M R D O X H O A N T
R U F Y C R E M P E D C U O I
A T L Y D M N B S Y O C T I A
H P F I O W K I L G G X I T N
N T Q G U Y A J W A V W R P I
Y G I Y Y R R Z U R E C I M T
H D B A P K W Y W E R O P E Y
A F B S F R K T V O W X S D F
G Z N G Z R J Y S Y W C P E G
B H W C A H I K D P V N B R D
```

1. SALVATION
2. FAITH
3. PRAISE
4. GRACE
5. MERCY
6. REDEMPTION
7. CHRISTIANITY
8. SPIRITUALITY

SOLUTION

```
Y Q R M C P L P C F X M A H C
M E B W N E F E P E H Z Y U H
Q A X C C B K X I G V A T R R
S R E A D O U A N P X O I M I
Y L R R T E N O I T A V L A S
H G I Y W M R D O X H O A N T
R U F Y C R E M P E D C U O I
A T L Y D M N B S Y O C T I A
H P F I O W K I L G G X I T N
N T Q G U Y A J W A V W R P I
Y G I Y Y R R Z U R E C I M T
H D B A P K W Y W E R O P E Y
A F B S F R K T V O W X S D F
G Z N G Z R J Y S Y W C P E G
B H W C A H I K D P V N B R D
```

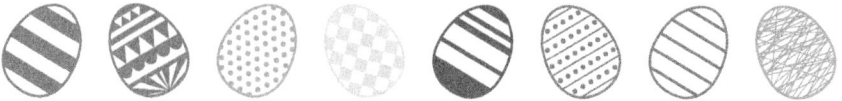

1. SALVATION   2. FAITH   3. PRAISE   4. GRACE
5. MERCY   6. REDEMPTION   7. CHRISTIANITY   8. SPIRITUALITY

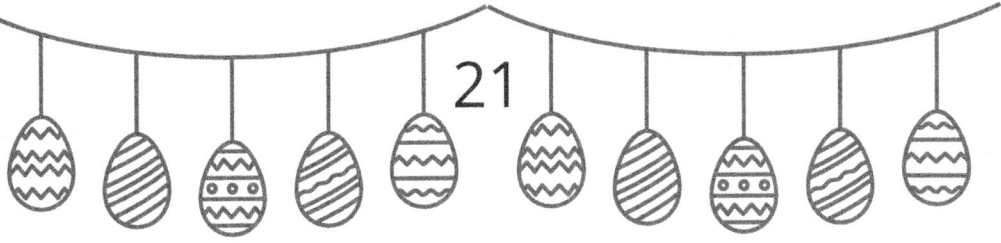

```
C J U V Y X H K J N M S Q I W
G A X R S A Z S S C H O O L C
A G I E U E N S O O H A P U L
M H B G N P R T U S A C P P W
X X T X D E E E B L H M G F O
G F D W A F T K I E W L Z G R
X Z Q Y Y R S S T O R I J X S
I Y V X H P A A P N W L T L H
J E M W J Z E B K N G I T Q I
B Y S T Z W V A A W T E Z J P
S Y G O L O E H T H W S X V J
G H C G E S Z S A H F F B O I
G E N Y F G K E O G N J Q Y I
E D H C W J F E D C G J T P N
E R G C L X R Z D H T K G W V
```

1. EGGS
2. SUNDAY
3. LILIES
4. THEOLOGY
5. SCHOOL
6. BASKETS
7. EASTER
8. WORSHIP

SOLUTION

```
C J U V Y X H K J N M S Q I W
G A X R S A Z S S C H O O L C
A G I E U E N S O O H A P U L
M H B G N P R T U S A C P P W
X X T X D E E B L H M G F O
G F D W A F T K I E W L Z G R
X Z Q Y Y R S S T O R I J X S
I Y V X H P A A P N W L T L H
J E M W J Z E B K N G I T Q I
B Y S T Z W V A A W T E Z J P
S Y G O L O E H T H W S X V J
G H C G E S Z S A H F F B O I
G E N Y F G K E O G N J Q Y I
E D H C W J F E D C G J T P N
E R G C L X R Z D H T K G W V
```

1. EGGS
2. SUNDAY
3. LILIES
4. THEOLOGY
5. SCHOOL
6. BASKETS
7. EASTER
8. WORSHIP

```
O A S P R E N E W A L V M X P
C Q O E K O S S B S L V K D P
K D S Y G U V B U E V C H A C
J N P F V S F S S W H O D E X
X R R A L N E D F I W T Z Y K
C V I M J O H M C U O Y O G S
Q K N Q F J W K W Z D X Y F I
S D G R B L K E Y V C L O D O
E D Q F P V U L R L G R J W C
W K G P P B J S F P O C O H Q
A X C S L U P U K A U S T S V
E K K W U E G W E P P T V P S
D K L Q E S B R F W X N A H U
A X Q P G G E U N B I E N N F
W V L Q M I H J O K K N Q Q P
```

1. PEEPS
2. JESUS
3. CHICK
4. JOY
5. CROSS
6. SPRING
7. RENEWAL
8. FLOWER

SOLUTION

```
O A S P R E N E W A L V M X P
C Q O E K O S S B S L V K D P
K D S Y G U V B U E V C H A C
J N P F V S F S S W H O D E X
X R R A L N E D F I W T Z Y K
C V I M J O H M C U O Y O G S
Q K N Q F J W K W Z D X Y F I
S D G R B L K E Y V C L O D O
E D Q F P V U L R L G R J W C
W K G P P B J S F P O C O H Q
A X C S L U P U K A U S T S V
E K K W U E G W E P P T V P S
D K L Q E S B R F W X N A H U
A X Q P G G E U N B I E N N F
W V L Q M I H J O K K N Q Q P
```

1. PEEPS
2. JESUS
3. CHICK
4. JOY
5. CROSS
6. SPRING
7. RENEWAL
8. FLOWER

```
I  M  Y  V  C  T  F  N  T  F  P  I  R  A  T
Q  D  Y  D  K  A  R  X  K  S  G  D  G  N  R
N  O  Z  K  N  G  R  B  L  M  U  L  C  G  A
N  Z  K  M  P  A  J  R  G  T  E  C  S  I  D
V  Z  P  L  C  B  C  V  O  L  Z  T  W  B  I
C  Q  A  A  L  T  S  H  T  T  Y  A  A  B  T
K  M  C  P  C  T  P  R  A  L  S  T  K  H  I
O  T  U  B  K  R  M  I  V  F  S  L  V  U  O
V  C  G  D  E  C  Z  J  D  G  Q  V  I  H  N
P  N  B  T  K  M  S  P  G  M  L  T  U  U  S
Y  M  S  A  U  Q  A  E  O  D  O  O  G  G  V
Z  A  A  J  T  S  L  X  V  R  Z  H  G  O  E
E  A  F  E  T  N  R  F  L  K  M  U  V  X  Z
C  E  L  E  B  R  A  T  I  O  N  O  T  F  X
P  K  L  J  D  J  E  I  Y  D  N  Z  O  T  B
```

1. EASTER 2. GOOD 3. CANDY 4. PASTEL
5. CARROTS 6. PALM 7. CELEBRATION 8. TRADITIONS

SOLUTION

```
I  M  Y  V  C  T  F  N  T  F  P  I  R  A  T
Q  D  Y  D  K  A  R  X  K  S  G  D  G  N  R
N  O  Z  K  N  G  R  B  L  M  U  L  C  G  A
N  Z  K  M  P  A  J  R  G  T  E  C  S  I  D
V  Z  P  L  C  B  C  V  O  L  Z  T  W  B  I
C  Q  A  A  L  T  S  H  T  T  Y  A  A  B  T
K  M  C  P  C  T  P  R  A  L  S  T  K  H  I
O  T  U  B  K  R  M  I  V  F  S  L  V  U  O
V  C  G  D  E  C  Z  J  D  G  Q  V  I  H  N
P  N  B  T  K  M  S  P  G  M  L  T  U  U  S
Y  M  S  A  U  Q  A  E  O  D  O  O  G  G  V
Z  A  A  J  T  S  L  X  V  R  Z  H  G  O  E
E  A  F  E  T  N  R  F  L  K  M  U  V  X  Z
C  E  L  E  B  R  A  T  I  O  N  O  T  F  X
P  K  L  J  D  J  E  I  Y  D  N  Z  O  T  B
```

1. EASTER   2. GOOD   3. CANDY   4. PASTEL
5. CARROTS   6. PALM   7. CELEBRATION   8. TRADITIONS

```
Q  F  U  L  L  Y  W  Z  I  J  P  T  T  B  W
Q  D  K  G  L  R  C  D  C  U  K  J  J  R  E
M  T  G  I  T  Z  V  N  S  X  Y  Z  M  R  E
B  W  L  P  E  R  E  M  O  D  I  U  M  B  K
I  Y  K  M  F  W  T  T  T  S  J  H  E  W  A
F  H  L  E  S  T  E  R  W  X  P  Y  W  R  O
L  U  V  E  E  T  E  R  E  M  X  K  P  Q  S
A  O  O  Q  I  B  B  E  V  U  Q  Y  O  L  P
Z  G  Q  J  I  X  A  D  R  V  R  O  A  D  K
E  G  B  R  G  I  B  J  I  Z  M  M  J  H  E
P  J  T  H  L  Z  Y  C  Q  W  I  O  H  O  M
V  H  A  H  R  X  P  P  J  N  K  Y  Z  U  Z
S  U  F  N  U  L  N  T  A  G  B  Q  Q  V  F
H  W  A  S  T  E  K  S  A  B  G  X  C  O  B
F  O  R  G  I  V  E  N  E  S  S  V  I  Z  L
```

1. FULL
2. WEEK
3. ANIMALS
4. LILY
5. BABY
6. REBIRTH
7. BASKETS
8. FORGIVENESS

24

SOLUTION

```
Q  F  U  L  L  Y  W  Z  I  J  P  T  T  B  W
Q  D  K  G  L  R  C  D  C  U  K  J  J  R  E
M  T  G  I  T  Z  V  N  S  X  Y  Z  M  R  E
B  W  L  P  E  R  E  M  O  D  I  U  M  B  K
I  Y  K  M  F  W  T  T  T  S  J  H  E  W  A
F  H  L  E  S  T  E  R  W  X  P  Y  W  R  O
L  U  V  E  E  T  E  R  E  M  X  K  P  Q  S
A  O  O  Q  I  B  B  E  V  U  Q  Y  O  L  P
Z  G  Q  J  I  X  A  D  R  V  R  O  A  D  K
E  G  B  R  G  I  B  J  I  Z  M  M  J  H  E
P  J  T  H  L  Z  Y  C  Q  W  I  O  H  O  M
V  H  A  H  R  X  P  P  J  N  K  Y  Z  U  Z
S  U  F  N  U  L  N  T  A  G  B  Q  Q  V  F
H  W  A  S  T  E  K  S  A  B  G  X  C  O  B
F  O  R  G  I  V  E  N  E  S  S  V  I  Z  L
```

1. FULL
2. WEEK
3. ANIMALS
4. LILY
5. BABY
6. REBIRTH
7. BASKETS
8. FORGIVENESS

```
X  M  L  R  J  Q  D  E  S  S  E  L  B  T  Y
A  Y  E  S  D  P  P  E  R  F  U  B  A  H  A
A  L  F  V  C  I  P  T  K  E  E  Q  F  E  Q
S  C  D  C  X  H  G  F  E  J  T  M  I  L  M
U  H  I  H  O  S  V  R  X  R  F  T  B  Y  O
D  J  N  L  I  R  B  Y  A  V  P  V  I  I  L
F  Z  N  F  B  O  P  S  L  C  A  T  B  L  M
K  V  E  W  Z  W  X  A  D  O  E  H  F  M  G
H  V  R  E  Y  K  L  J  H  Z  F  I  W  L  B
B  C  G  N  C  D  L  H  D  P  C  O  C  U  T
W  L  N  O  H  B  N  H  S  T  A  O  L  F  A
Q  M  V  B  R  A  Z  Q  U  Q  M  A  W  P  Z
Q  Z  M  B  I  P  V  J  L  I  D  M  E  O  Y
J  R  T  I  S  T  E  I  D  E  H  O  B  K  B
H  B  J  R  T  O  Y  L  W  Z  Q  Y  Y  R  V
```

1. WORSHIP
2. CHRIST
3. BLESSED
4. FLOATS
5. GRACE
6. DINNER
7. RIBBON
8. GLITTER

SOLUTION

```
X M L R J Q   D E S S E L B   T Y
A Y E S D   P   P E R   F U B A H A
A L F V C   I   P T K   E   E Q F E Q
S C D C X   H G   F E J   T   M I L M
U H I H O   S V   R X R F   T   B Y O
D J N L I   R B Y   A V P V   I   I L
F Z N F B   O P S L   C A T B   L M
K V E W Z   W X A D O   E H F M   G
H V R E Y   K L J H Z F I   W L B
B C G N C   D L H D P C O C U T
W L N O H   B N H   S T A O L F A
Q M V B R   A Z Q U Q M A W P Z
Q Z M B I   P V J L I D M E O Y
J R T I S   T E I D E H O B K B
H B J R T   O Y L W Z Q Y Y R V
```

| 1. WORSHIP | 2. CHRIST | 3. BLESSED | 4. FLOATS |
| 5. GRACE | 6. DINNER | 7. RIBBON | 8. GLITTER |

```
W X J A B I P S U W I T H D
T A E P F W H D D Q G T W Y
J R R O C A C Y P I L A T E
O E U S S W U W I O E I Y U
K J S T P A P X L I B J F D
Z O A L P H R P G G M P R V
H I L E C Y N Y R R G Q D C
Z C E S L F Z E I C A N D Y
Z E M P T Y T O M B P S H H
N F L O P P Y E A R E D S H
F K R U K N U G G Y L K G X
N R R M B R E D E E M E R B
H I P P I T Y H O P P I T Y
J S X H F S U Q C S A Z E B
```

APOSTLES   FAUX GRASS   PILATE
CANDY   FLOPPY EARED   PILGRIMAGE
DIE   JERUSALEM   REDEEMER
EMPTY TOMB   HIPPITY HOPPITY   REJOICE

```
Y  E  U  A  P  R  I  L  T  M  J  R
Z  A  K  T  R  Q  D  T  Z  U  E  E
W  S  F  D  A  F  F  O  D  I  L  S
A  T  I  T  Y  B  Z  Q  S  L  L  U
P  E  N  T  E  C  O  S  T  B  Y  R
X  R  D  M  R  T  W  C  T  S  B  R
N  D  I  Q  E  Y  A  B  A  E  E
P  R  Y  N  W  Z  U  R  F  I  A  C
Y  E  V  P  C  A  U  R  N  O  N  T
Z  S  M  O  X  E  W  O  Q  I  S  U
Q  S  K  B  B  I  X  T  S  H  T  W
H  O  L  Y  S  A  T  U  R  D  A  Y
```

APRIL   ETERNITY   PENTECOST
CARROT   FIND   PRAYER
DAFFODILS   JELLY BEANS   PRINCE
EASTER DRESS   HOLY SATURDAY   RESURRECT

O	W	W	M	L	P	R	B	M	S	W	W
Y	T	K	H	E	A	V	E	N	L	Y	M
T	B	Q	X	T	S	W	H	D	B	V	F
U	K	I	E	A	S	T	E	R	E	G	G
H	O	Q	B	A	O	R	A	Y	U	E	R
D	I	W	U	L	V	E	V	R	C	W	M
G	U	D	D	Y	E	D	E	G	G	S	B
T	J	X	D	V	R	N	N	F	I	R	M
P	A	S	T	E	L	C	O	L	O	R	S
S	E	A	S	O	N	N	V	B	B	O	I
C	M	Y	V	F	A	I	T	H	F	U	L
C	A	R	R	O	T	P	A	T	C	H	B

BIBLE　　　　　　FAITHFUL　　　　　PASSOVER
CARROT PATCH　　HEAVEN　　　　　　PASTEL COLORS
DYED EGGS　　　　HEAVENLY　　　　　REDEEM
EASTER EGG　　　 HIDDEN　　　　　　SEASON

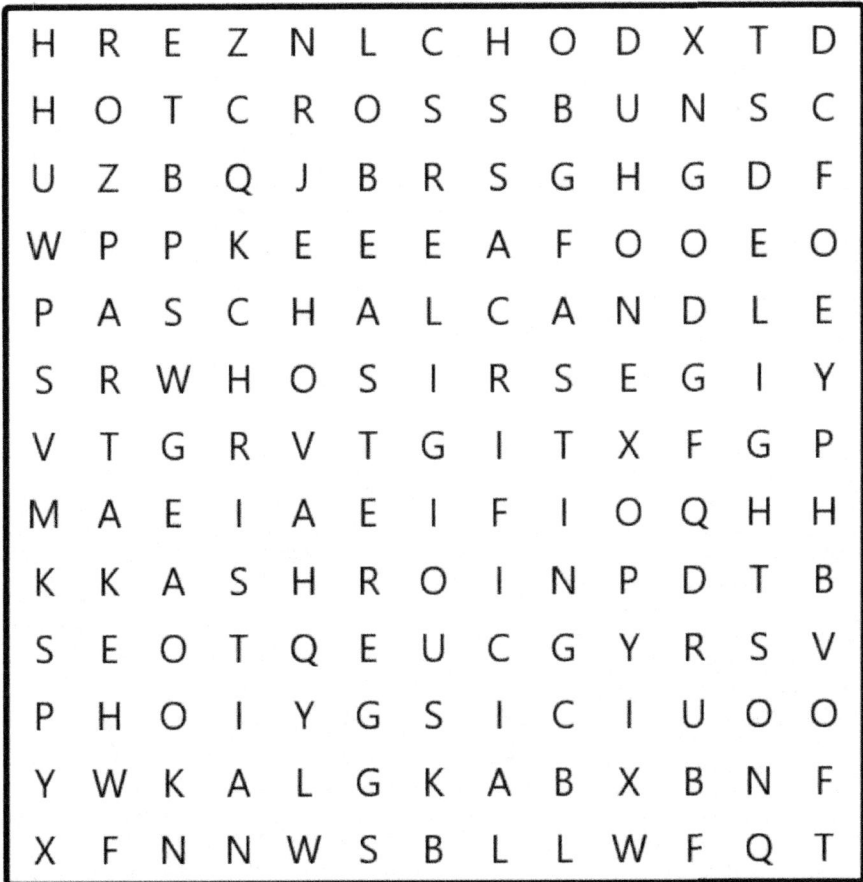

H	R	E	Z	N	L	C	H	O	D	X	T	D
H	O	T	C	R	O	S	S	B	U	N	S	C
U	Z	B	Q	J	B	R	S	G	H	G	D	F
W	P	P	K	E	E	E	A	F	O	O	E	O
P	A	S	C	H	A	L	C	A	N	D	L	E
S	R	W	H	O	S	I	R	S	E	G	I	Y
V	T	G	R	V	T	G	I	T	X	F	G	P
M	A	E	I	A	E	I	F	I	O	Q	H	H
K	K	A	S	H	R	O	I	N	P	D	T	B
S	E	O	T	Q	E	U	C	G	Y	R	S	V
P	H	O	I	Y	G	S	I	C	I	U	O	O
Y	W	K	A	L	G	K	A	B	X	B	N	F
X	F	N	N	W	S	B	L	L	W	F	Q	T

BIRTH FASTING PARTAKE
CHRISTIAN HOLY PASCHAL CANDLE
DELIGHT JEHOVAH RELIGIOUS
EASTER EGGS HOT CROSS BUNS SACRIFICIAL

```
U J Y J H U O D K X W P
B I K H D W E I M X E E
R W Z U A S A C R E D A
L J J P S C R O D A I S
V Y X E U O S M R H S T
I J L N N L U A E W C E
D B U O H O P D N H I R
G S H D H R J B E O P F
S I R T C M Y P W P L E
G J I F A H I L F P E A
P A L M S U N D A Y S S
F J M N K K B E O Q W T
```

BLESSED   FAITH   PALM SUNDAY
COLOR   HONOR   PARADE
DISCIPLES   HOP   RENEW
EASTERFEAST   HOPPY   SACRED

```
E A S T E R F L O W E R
Y V D S P E A C E I B H
D X N J A E G J G O L O
L U F A S V E Q G H O P
M V C L T H I P K O S P
L P O K E O T O S L S Y
E X M U L L Y M R Y O E
A H F V S I R T C W M A
F U O I I D N M X E I S
I W R L S A L G Y E N T
Y J T O P Y W P Q K G E
B M J H I D E E G G S R
```

BLOSSOMING   HIDE EGGS   PASTELS
COMFORT   HOLIDAY   PEACE
DUCKLING   HOLY WEEK   PEEPS
EASTER FLOWER   HOPPY EASTER   SAVIOR

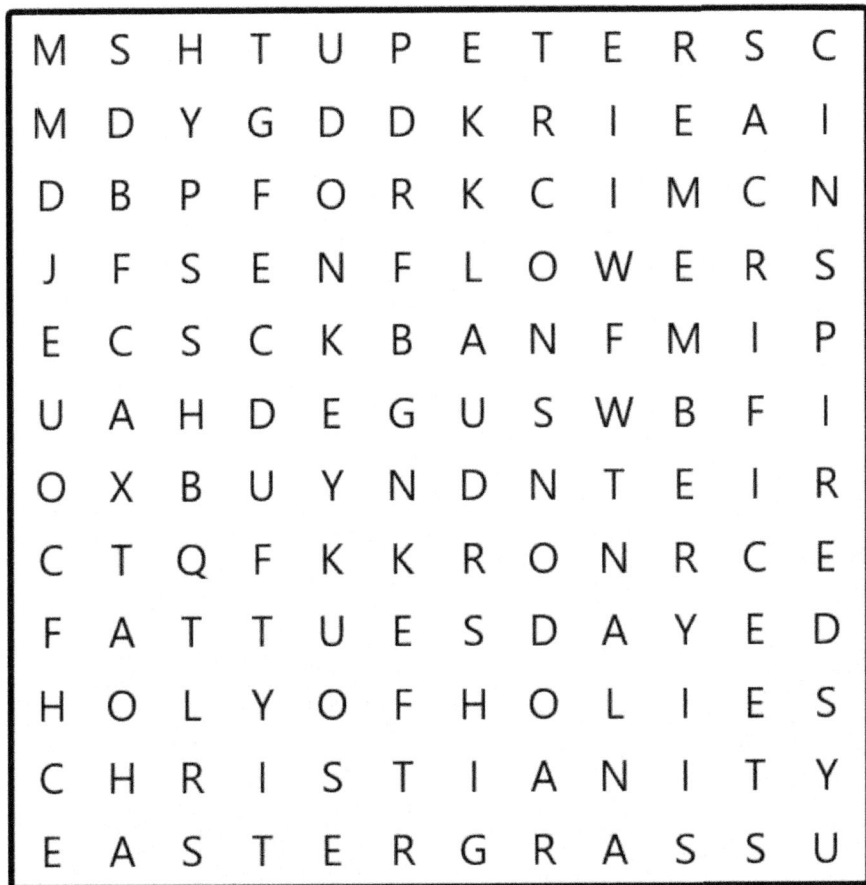

```
M  S  H  T  U  P  E  T  E  R  S  C
M  D  Y  G  D  D  K  R  I  E  A  I
D  B  P  F  O  R  K  C  I  M  C  N
J  F  S  E  N  F  L  O  W  E  R  S
E  C  S  C  K  B  A  N  F  M  I  P
U  A  H  D  E  G  U  S  W  B  F  I
O  X  B  U  Y  N  D  N  T  E  I  R
C  T  Q  F  K  K  R  O  N  R  C  E
F  A  T  T  U  E  S  D  A  Y  E  D
H  O  L  Y  O  F  H  O  L  I  E  S
C  H  R  I  S  T  I  A  N  I  T  Y
E  A  S  T  E  R  G  R  A  S  S  U
```

BUNNY	FLOWERS	INSPIRED
CHRISTIANITY	FAST	PETER
DONKEY	FAT TUESDAY	REMEMBER
EASTER GRASS	HOLY OF HOLIES	SACRIFICE

Hello Spring!

```
H A T C H L I N G S M G
E J J L G R A S S L O D
C S H K U T G O S P E L
D T R A D I T I O N A L
P T X G O G Q B Z Y M N
Z P P F G C R U C I F Y
H H N E W C L O T H E S
T R I U M P H A N T B F
G V M I R A C L E W D Q
X N E V E R E N D I N G
E A S T E R O U T F I T
A H I M E M B E R S W I
```

CRUCIFY	MEMBERS	TRADITIONAL
EASTER OUTFIT	MIRACLE	TRIUMPHANT
EGG TOSS	NEVERENDING	GOSPEL
GRASS	NEW CLOTHES	HATCHLINGS

Happy Easter

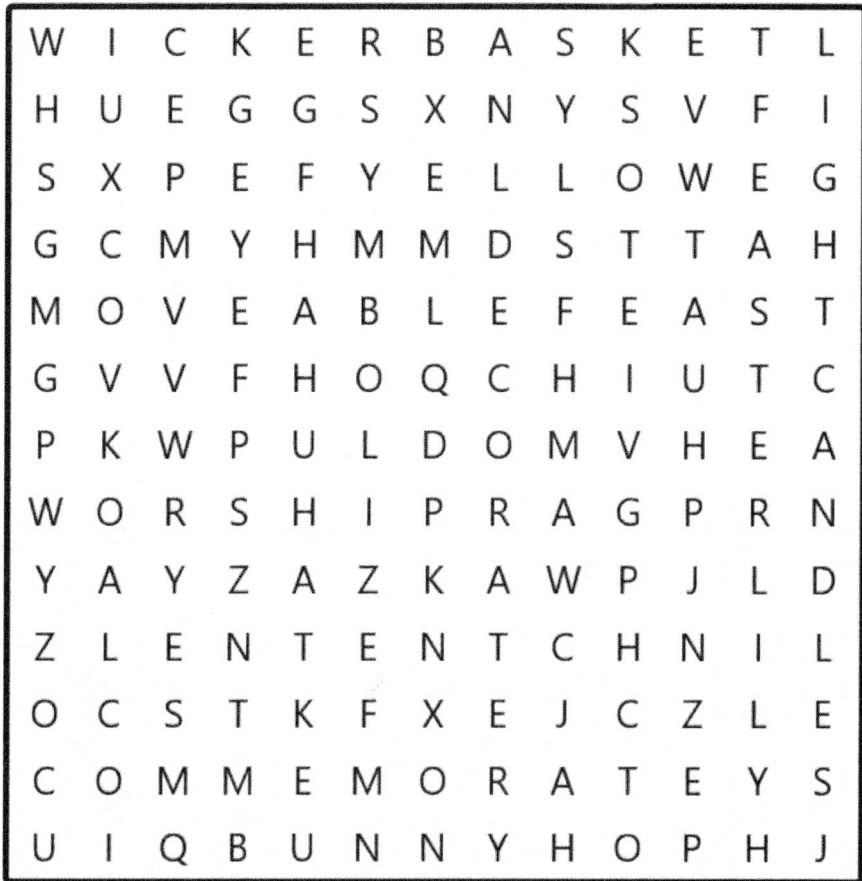

```
W  I  C  K  E  R  B  A  S  K  E  T  L
H  U  E  G  G  S  X  N  Y  S  V  F  I
S  X  P  E  F  Y  E  L  L  O  W  E  G
G  C  M  Y  H  M  M  D  S  T  T  A  H
M  O  V  E  A  B  L  E  F  E  A  S  T
G  V  V  F  H  O  Q  C  H  I  U  T  C
P  K  W  P  U  L  D  O  M  V  H  E  A
W  O  R  S  H  I  P  R  A  G  P  R  N
Y  A  Y  Z  A  Z  K  A  W  P  J  L  D
Z  L  E  N  T  E  N  T  C  H  N  I  L
O  C  S  T  K  F  X  E  J  C  Z  L  E
C  O  M  M  E  M  O  R  A  T  E  Y  S
U  I  Q  B  U  N  N  Y  H  O  P  H  J
```

LENTEN	EASTER LILY	YELLOW
BUNNY HOP	EGGS	LIGHT CANDLES
COMMEMORATE	WICKER BASKET	MOVEABLE FEAST
DECORATE	WORSHIP	SYMBOLIZE

Hello...Spring

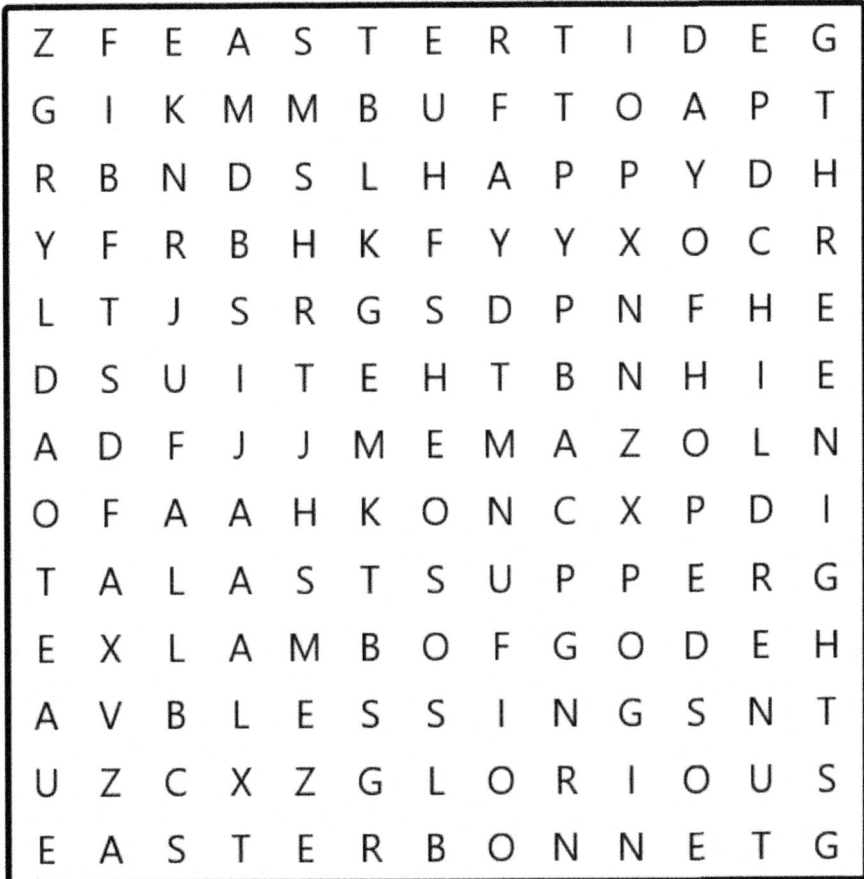

```
Z F E A S T E R T I D E G
G I K M M B U F T O A P T
R B N D S L H A P P Y D H
Y F R B H K F Y Y X O C R
L T J S R G S D P N F H E
D S U I T E H T B N H I E
A D F J J M E M A Z O L N
O F A A H K O N C X P D I
T A L A S T S U P P E R G
E X L A M B O F G O D E H
A V B L E S S I N G S N T
U Z C X Z G L O R I O U S
E A S T E R B O N N E T G
```

BASKET	EASTER BONNET	LAMB OF GOD
CHILDREN	EASTER TIDE	LAST SUPPER
DAYOFHOPE	GLORIOUS	THREE NIGHTS
BLESSINGS	HAPPY	TOMB

```
B B U N N Y T R A C K S
E A S T E R T R E A T S
R E S U R R E C T I O N
K W M E D I T A T I O N
U C R C O M M U N I O N
P A L M B R A N C H E S
T R A D I T I O N B U Z
H I E M U G X E B B J M
H C H A N P E R M X D K
E A S T E R B A S K E T
R Z K P G G L O R Y C N
D E C O R A T E E G G S
```

LAMB   COMMUNION   EASTER TREATS
PALM BRANCHES   TRADITION   GLORY
RESURRECTION   DECORATE EGGS   GREEN
BUNNY TRACKS   EASTER BASKET   MEDITATION

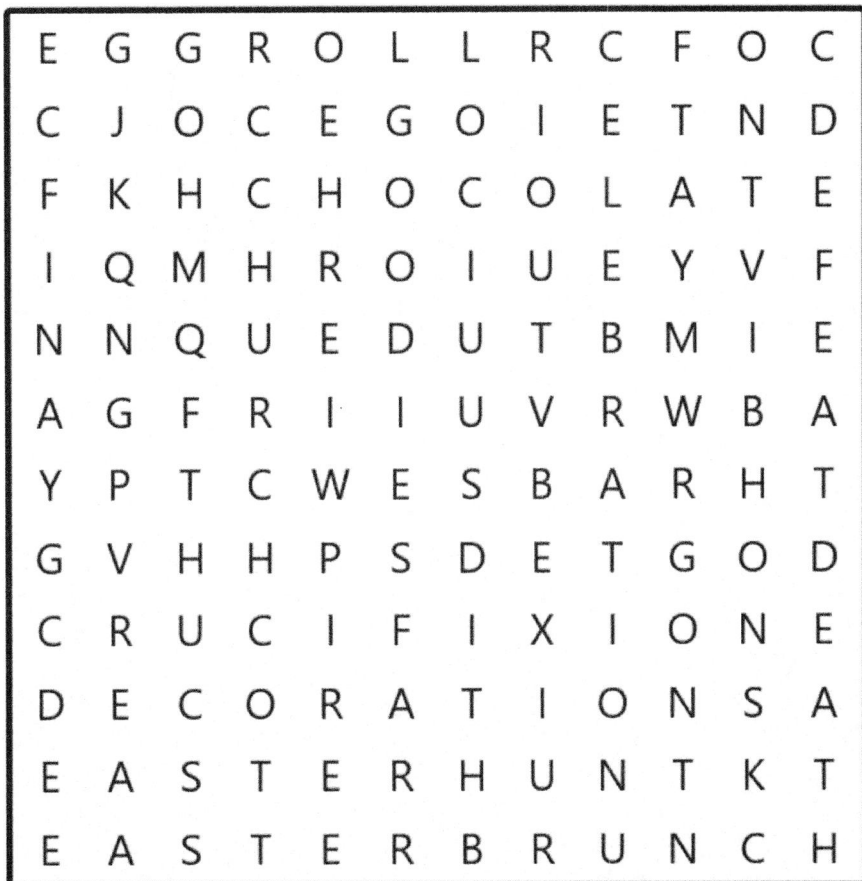

```
E G G R O L L R C F O C
C J O C E G O I E T N D
F K H C H O C O L A T E
I Q M H R O I U E Y V F
N N Q U E D U T B M I E
A G F R I I U V R W B A
Y P T C W E S B A R H T
G V H H P S D E T G O D
C R U C I F I X I O N E
D E C O R A T I O N S A
E A S T E R H U N T K T
E A S T E R B R U N C H
```

CHURCH	GOODIES	EASTER BRUNCH
DECORATIONS	LILY	GOD
EASTER HUNT	CHOCOLATE	CELEBRATION
EGG ROLL	DEFEAT DEATH	CRUCIFIXION

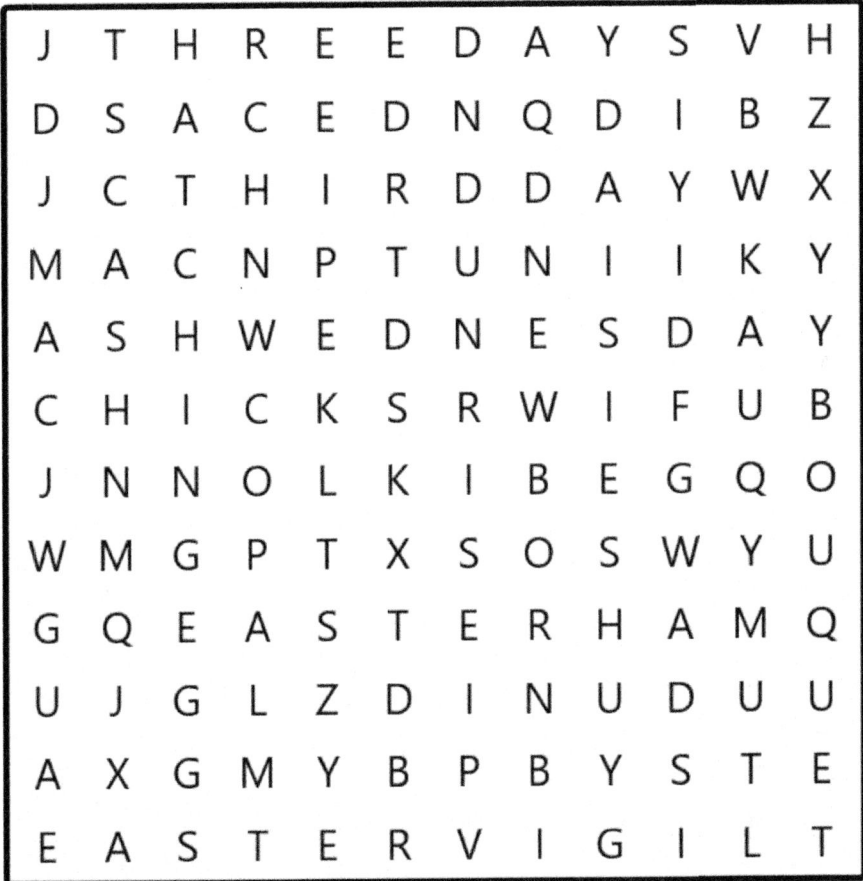

```
J  T  H  R  E  E  D  A  Y  S  V  H
D  S  A  C  E  D  N  Q  D  I  B  Z
J  C  T  H  I  R  D  D  A  Y  W  X
M  A  C  N  P  T  U  N  I  I  K  Y
A  S  H  W  E  D  N  E  S  D  A  Y
C  H  I  C  K  S  R  W  I  F  U  B
J  N  N  O  L  K  I  B  E  G  Q  O
W  M  G  P  T  X  S  O  S  W  Y  U
G  Q  E  A  S  T  E  R  H  A  M  Q
U  J  G  L  Z  D  I  N  U  D  U  U
A  X  G  M  Y  B  P  B  Y  S  T  E
E  A  S  T  E  R  V  I  G  I  L  T
```

DAISIES	CHICKS	EASTER VIGIL
EASTER HAM	THIRD DAY	HATCHING EGGS
BOUQUET	THREE DAYS	NEWBORN
ASH WEDNESDAY	RISE	PALM

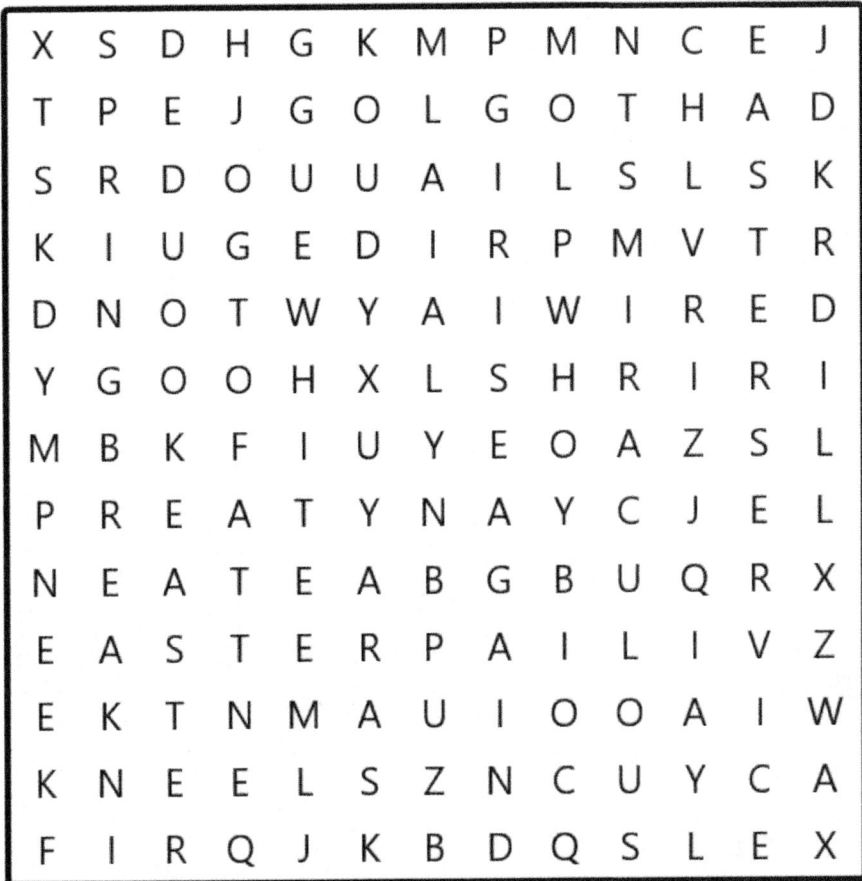

```
X  S  D  H  G  K  M  P  M  N  C  E  J
T  P  E  J  G  O  L  G  O  T  H  A  D
S  R  D  O  U  U  A  I  L  S  L  S  K
K  I  U  G  E  D  I  R  P  M  V  T  R
D  N  O  T  W  Y  A  I  W  I  R  E  D
Y  G  O  O  H  X  L  S  H  R  I  R  I
M  B  K  F  I  U  Y  E  O  A  Z  S  L
P  R  E  A  T  Y  N  A  Y  C  J  E  L
N  E  A  T  E  A  B  G  B  U  Q  R  X
E  A  S  T  E  R  P  A  I  L  I  V  Z
E  K  T  N  M  A  U  I  O  O  A  I  W
K  N  E  E  L  S  Z  N  C  U  Y  C  A
F  I  R  Q  J  K  B  D  Q  S  L  E  X
```

TRUTH	EASTER PAIL	EASTER
TULIPS	GOLGOTHA	MIRACULOUS
WHITE	JUDAS	SPRING BREAK
RISEA GAIN	KNEEL	EASTER SERVICE

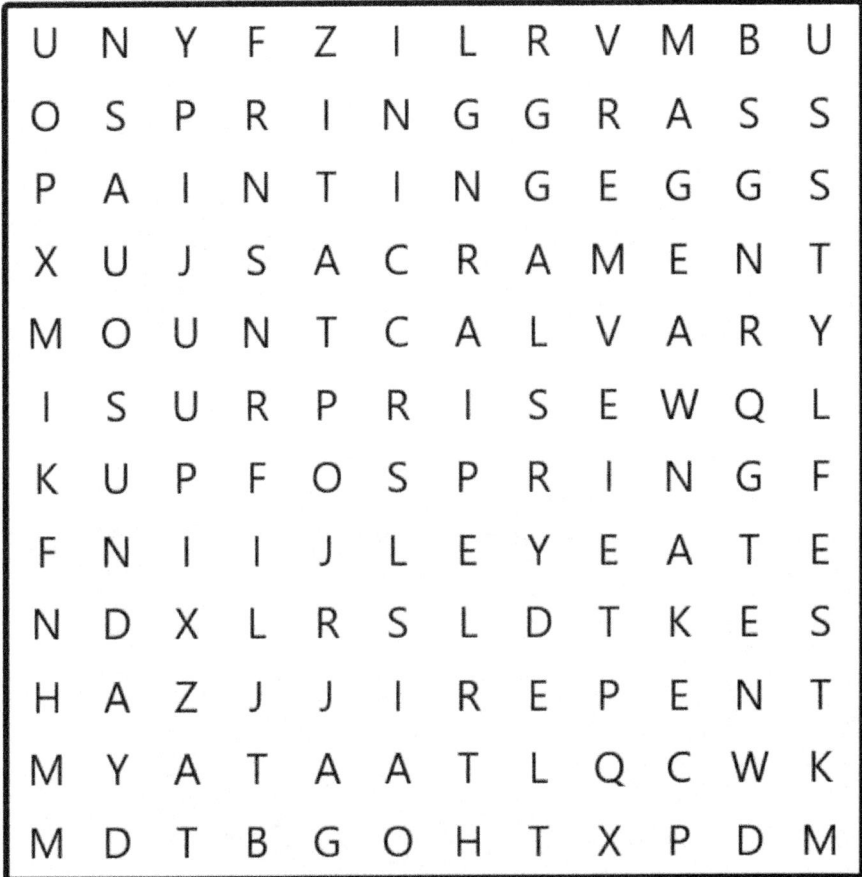

```
U  N  Y  F  Z  I  L  R  V  M  B  U
O  S  P  R  I  N  G  G  R  A  S  S
P  A  I  N  T  I  N  G  E  G  G  S
X  U  J  S  A  C  R  A  M  E  N  T
M  O  U  N  T  C  A  L  V  A  R  Y
I  S  U  R  P  R  I  S  E  W  Q  L
K  U  P  F  O  S  P  R  I  N  G  F
F  N  I  I  J  L  E  Y  E  A  T  E
N  D  X  L  R  S  L  D  T  K  E  S
H  A  Z  J  J  I  R  E  P  E  N  T
M  Y  A  T  A  A  T  L  Q  C  W  K
M  D  T  B  G  O  H  T  X  P  D  M
```

REPENT	SACRAMENT	PAINTING EGGS
SPIRIT	SPRING GRASS	GARDEN
ROLL	LENT	SPRING
SURPRISE	MOUNT CALVARY	SUNDAY

HAPPY EASTER

```
A D M Q F C S C H K H O F
A A G W R A E M A M N D U
T E O K U R Q I N H S S R
W A O O T R S R D A Y Y A
P S D J U O H A L P M M S
X T F I Y T E C E P B B H
B E R A E S P L D Y O O E
N R I N G T H E B E L L S
K S D B G S E H A A E I I
X T A K H Y R O S S Q C G
F O Y L U T D B K T J W Q
J R W Z N I D J E E U X U
H Y R C T U R R T R C M K
```

MIRACLE   SHEPHERD   RING THE BELLS
ASHES   SYMBOL   SYMBOLIC
HANDLED BASKET   GOOD FRIDAY   EGG HUNT
CARROTS   HAPPY EASTER   EASTER STORY

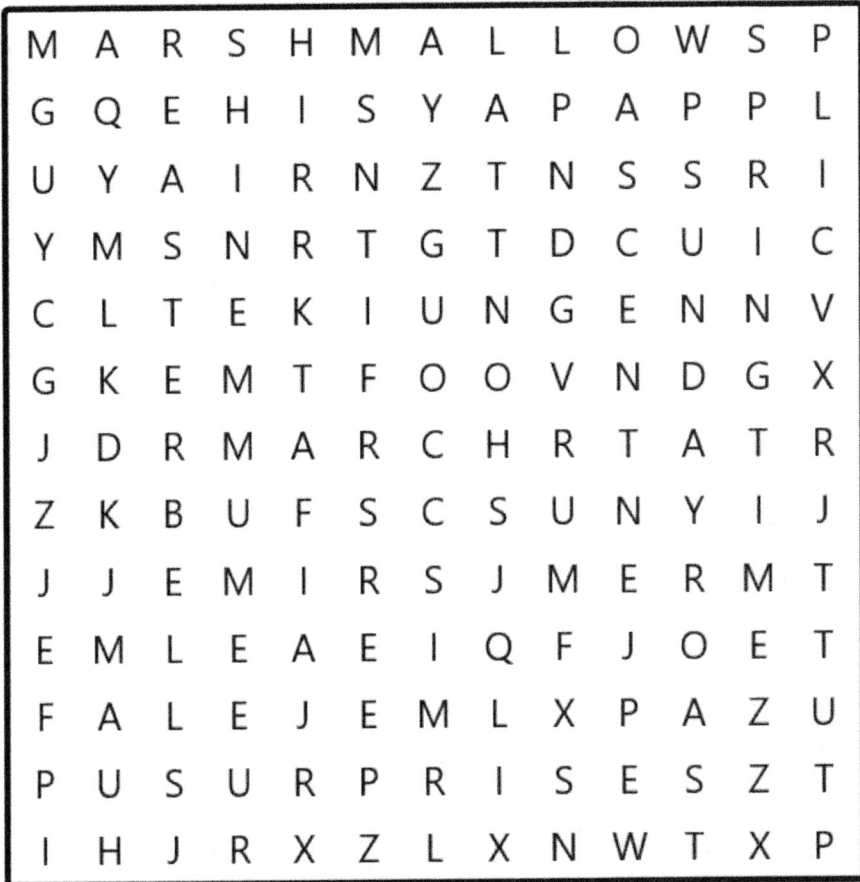

```
M A R S H M A L L O W S P
G Q E H I S Y A P A P P L
U Y A I R N Z T N S S R I
Y M S N R T G T D C U I C
C L T E K I U N G E N N V
G K E M T F O O V N D G X
J D R M A R C H R T A T R
Z K B U F S C S U N Y I J
J J E M I R S J M E R M T
E M L E A E I Q F J O E T
F A L E J E M L X P A Z U
P U S U R P R I S E S Z T
I H J R X Z L X N W T X P
```

SING   SHINE   EASTER BELLS

SURPRISES   SPRING TIME   MASS

SEARCH   ASCENT   MARSHMALLOWS

SUNDAY ROAST   MARCH   PALM FRONDS

43

V	G	R	P	Y	S	Z	M	Z	V	A	H	A
H	S	D	X	M	A	R	D	I	G	R	A	S
Y	R	W	C	O	L	O	V	R	K	O	M	C
Q	I	E	E	G	V	Z	F	C	T	A	Q	E
L	V	D	D	E	A	E	T	U	H	S	A	N
R	U	Y	H	A	T	O	R	R	E	T	B	D
I	N	P	K	B	I	Q	I	C	R	L	O	K
T	Y	P	H	H	O	F	S	H	O	A	N	X
M	I	Z	T	J	N	I	E	R	C	M	N	J
E	E	D	J	D	X	Z	N	I	K	B	E	I
Q	O	Q	V	Y	A	R	Q	S	O	E	T	L
G	S	W	N	W	L	P	D	T	F	L	Z	N
S	P	R	I	N	G	F	O	R	W	A	R	D

OVERCOME   SWEET   CHRIST
HAM   SPRING FORWARD   MARDIGRAS
ROAST LAMB   THE ROCK   SALVATION
ASCEND   BONNET   RISEN

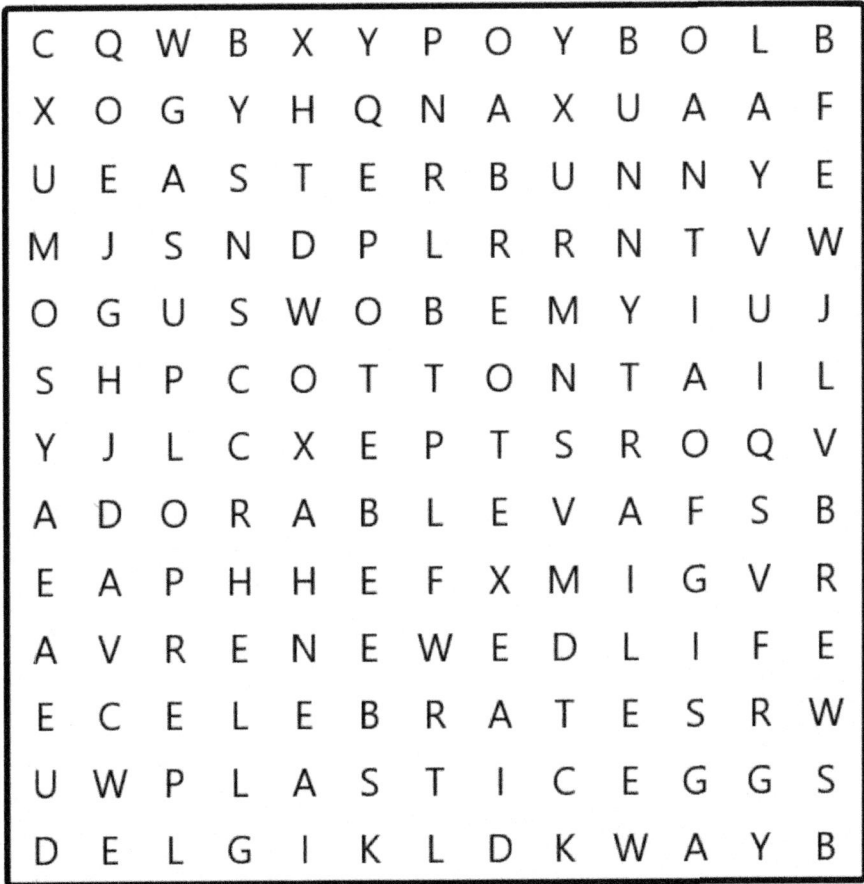

C	Q	W	B	X	Y	P	O	Y	B	O	L	B
X	O	G	Y	H	Q	N	A	X	U	A	A	F
U	E	A	S	T	E	R	B	U	N	N	Y	E
M	J	S	N	D	P	L	R	R	N	T	V	W
O	G	U	S	W	O	B	E	M	Y	I	U	J
S	H	P	C	O	T	T	O	N	T	A	I	L
Y	J	L	C	X	E	P	T	S	R	O	Q	V
A	D	O	R	A	B	L	E	V	A	F	S	B
E	A	P	H	H	E	F	X	M	I	G	V	R
A	V	R	E	N	E	W	E	D	L	I	F	E
E	C	E	L	E	B	R	A	T	E	S	R	W
U	W	P	L	A	S	T	I	C	E	G	G	S
D	E	L	G	I	K	L	D	K	W	A	Y	B

ADORABLE	ETERNAL	HUNT
BUNNY TRAIL	FESTIVE	PLASTIC EGGS
COTTONTAIL	JOHN	PRAY
EASTER BUNNY	CELEBRATE	RENEWED LIFE

```
E  T  E  R  N  A  L  L  I  F  E  W
J  M  H  O  L  Y  D  A  Y  R  W  U
I  O  Q  A  T  N  N  F  W  E  D  L
T  M  Y  G  A  L  I  V  E  T  E  Q
K  I  M  F  X  R  T  P  S  U  L  C
Y  G  V  O  U  E  G  F  N  R  I  F
D  S  U  P  R  L  K  A  U  N  C  U
R  A  B  B  I  T  M  O  E  J  I  N
E  S  B  E  V  M  A  R  S  J  O  L
H  M  B  J  E  L  E  L  H  G  U  L
Q  Q  R  F  I  N  D  E  G  G  S  N
C  A  D  B  U  R  Y  E  G  G  S  K
```

ALIVE	ETERNAL LIFE	IMMORTAL
CADBURY EGGS	FIND EGGS	PURIFY
DELICIOUS	JOYFUL	RABBIT
EMMANUEL	HOLYDAY	RETURN

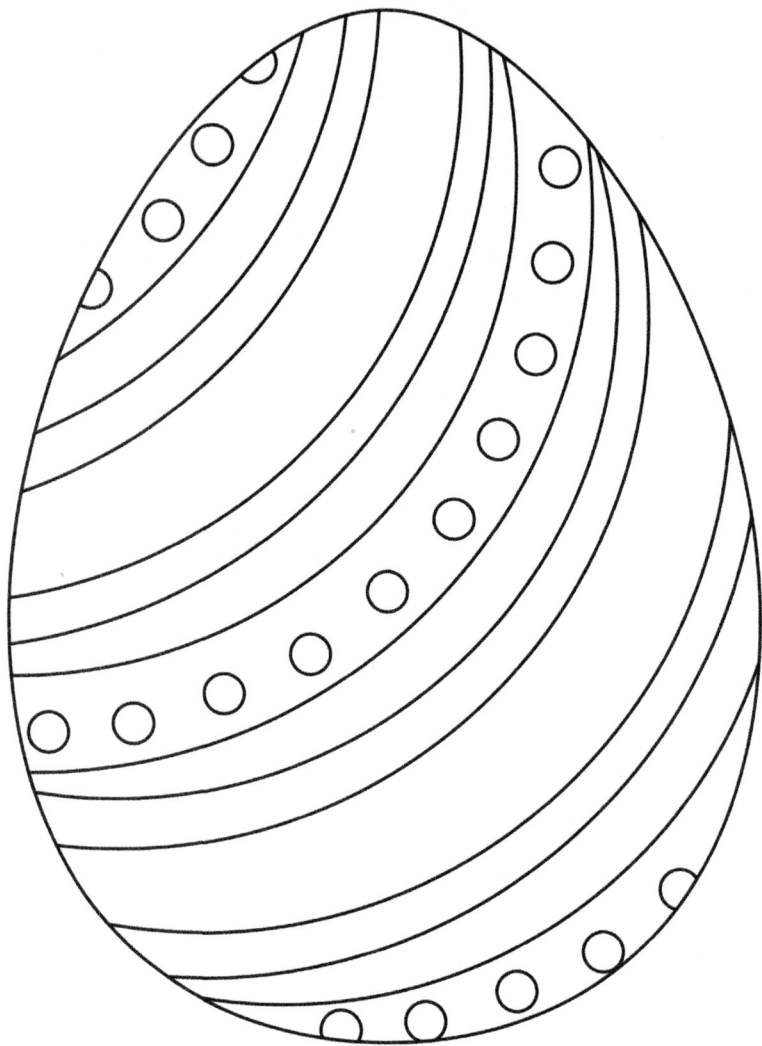

SOLUTIONS

26

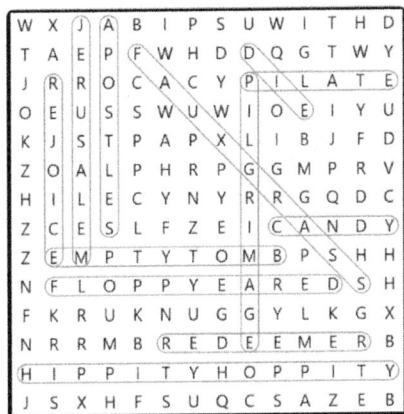

```
W X J A B I P S U W I T H D
T A E P F W H D D Q G T W Y
J R R O C A C Y P I L A T E
O E U S S W U W I O E I Y U
K J S A P A P X L I B J F D
Z O A L P H R P G G M P R H
H I L E C Y N Y R R G C G D
Z C E S L F Z E I C A N D Y
Z E M P T Y T O M B P S H H
N F L O P P Y E A R E D S H
F K R U K N U G G Y L K G X
N R R M B R E D E E M E R B
H I P P I T Y H O P P I T Y
J S X H F S U Q C S A Z E B
```

27

```
Y E U A P R I L T M J R
Z A K T R Q D T Z U E E
W S F D A F F O D I L S U
A T I T Y B Z Q S L L U R
P E N T E C O S T B Y R R
X R D M R T W C T S B E E
N D I Q E Y E A E A B R C
P R Y N W Z U R F I A N T
Y E V P C A U R N O N T
Z S M O X E W O Q I S U
Q S K B B I X T S H T W
H O L Y S A T U R D A Y
```

28

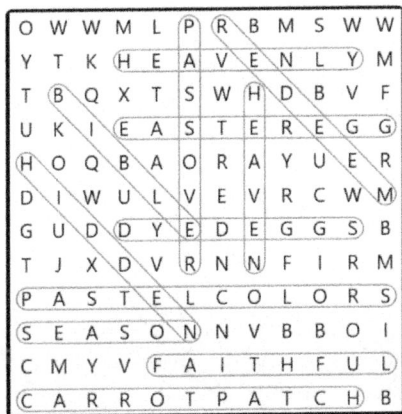

```
O W W M L P R B M S W W
Y T K H E A V E N L Y M
T B Q X T S W H D B V F
U K I E A S T E R E G G
H O Q B A O R A Y U E R
D I W U L V E V R C W M
G U D D Y E D E G G S B
T J X D V R N N F I R M
P A S T E L C O L O R S
S E A S O N N V B B O I
C M Y V F A I T H F U L
C A R R O T P A T C H B
```

29

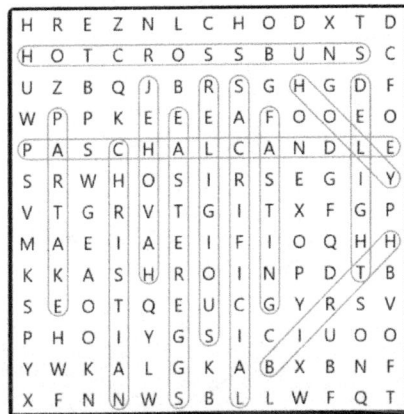

```
H R E Z N L C H O D X T D
H O T C R O S S B U N S C
U Z B Q J B R S G H G D F
W P P K E E E A F O O E O
P A S C H A L C A N D L E
S R W H O S I R S E G I Y
V T G R V T G I T X F G P
M A E I A E I F I O Q H H
K K A S H R O I N P D T B
S E O T Q U C G U G R S V
P H O I Y G S E U C I U O
Y W K A L G K A B X B N F
X F N N W S B L L W F Q T
```

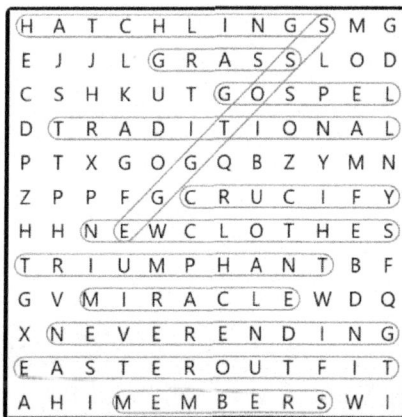

SOLUTIONS

30

```
U J Y J H U O D K X W P
B I K H D W E I M X E E
R W Z U A S A C R E D A
L J J P S C R O D A I S
V Y X E U O S M R H S T
I J L N N L U A E W C E
D B U O H O P D N H I R
G S H D H R J B E O P F
S I R T C M Y P W P L E
G J I F A H I L F P E A
P A L M S U N D A Y S S
F J M N K K K B E O Q W T
```

31

```
E A S T E R F L O W E R
Y V D S P E A C E I B H
D X N J A E G J G O L O
L U F A S V E Q G H O P
M V C L T H I P K O S P
L P O K E O T O S L S Y
E X M U L L Y M R Y O E
A H F V S I R T C W M A
F U O I I D N M X E I S
I W R L S A L G Y E N T
Y J T O P Y W P Q K G R
B M J H I D E E G G S R
```

32

```
M S H T U P E T E R S C
M D Y G D D K R I E A I
D B P F O R K C I M C N
J F S E N F L O W E R S
E C S C K B A N F M I P
U A H D E G U S W B F I
O X B U Y N D N T E I R
C T Q F K K R O N R C E
F A T T U E S D A Y Y S
H O L Y O F H O L I E S
C H R I S T I A N I T Y
E A S T E R G R A S S U
```

33

```
H A T C H L I N G S M G
E J J L G R A S S L O D
C S H K U T G O S P E L
D T R A D I T I O N A L
P T X G O G Q B Z Y M N
Z P P F G C R U C I F Y
H H N E W C L O T H E S
T R I U M P H A N T B F
G V M I R A C L E W D Q
X N E V E R E N D I N G
E A S T E R O U T F I T
A H I M E M B E R S W I
```

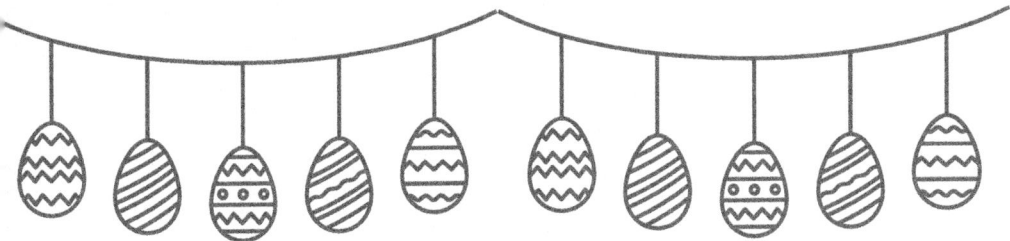

SOLUTIONS

34

```
W I C K E R B A S K E T L
H U E G G S X N Y S V F I
S X P E F Y E L L O W E G
G C M Y H M M D S T T A H
M O V E A B L E F E A S T
G V V F H O Q C H I U T C
P K W P U L D O M V H E A
W O R S H I P R A G P R N
Y A Y Z A Z K A W P J L D
Z L E N T E N T C H N I L
O C S T K F X E J C Z L E
C O M M E M O R A T E Y S
U I Q B U N N Y H O P H J
```

35

```
Z F E A S T E R T I D E G
G I K M M B U F T O A P T
R B N D S L H A P P Y D H
Y F R B H K F Y Y X O C R
L T J S R G S D P N F H E
D S U I T E H T B N H I E
A D F J J M E M A Z O L N
O F A A H K O N C X P D I
T A L A S T S U P P E R G
E X L A M B O F G O D E H
A V B L E S S I N G S N T
U Z C X Z G L O R I O U S
E A S T E R B O N N E T G
```

36

```
B B U N N Y T R A C K S
E A S T E R T R E A T S
R E S U R R E C T I O N
K W M E D I T A T I O N
U C R C O M M U N I O N
P A L M B R A N C H E S
T R A D I T I O N B U Z
H I E M U G X E B B J M
H C H A N P E R M X D K
E A S T E R B A S K E T
R Z K P G G L O R Y C N
D E C O R A T E E G G S
```

37

```
E G G R O L L R C F O C
C J O C E G O I E T N D
F K H C H O C O L A T E
I Q M H R O I U E Y V F
N N Q U E D U T B M I E
A G F R I I U V R W B A
Y P T C W E S B A R H T
G V H H P S D E T G O D
C R U C I F I X I O N E
D E C O R A T I O N S A
E A S T E R H U N T K T
E A S T E R B R U N C H
```

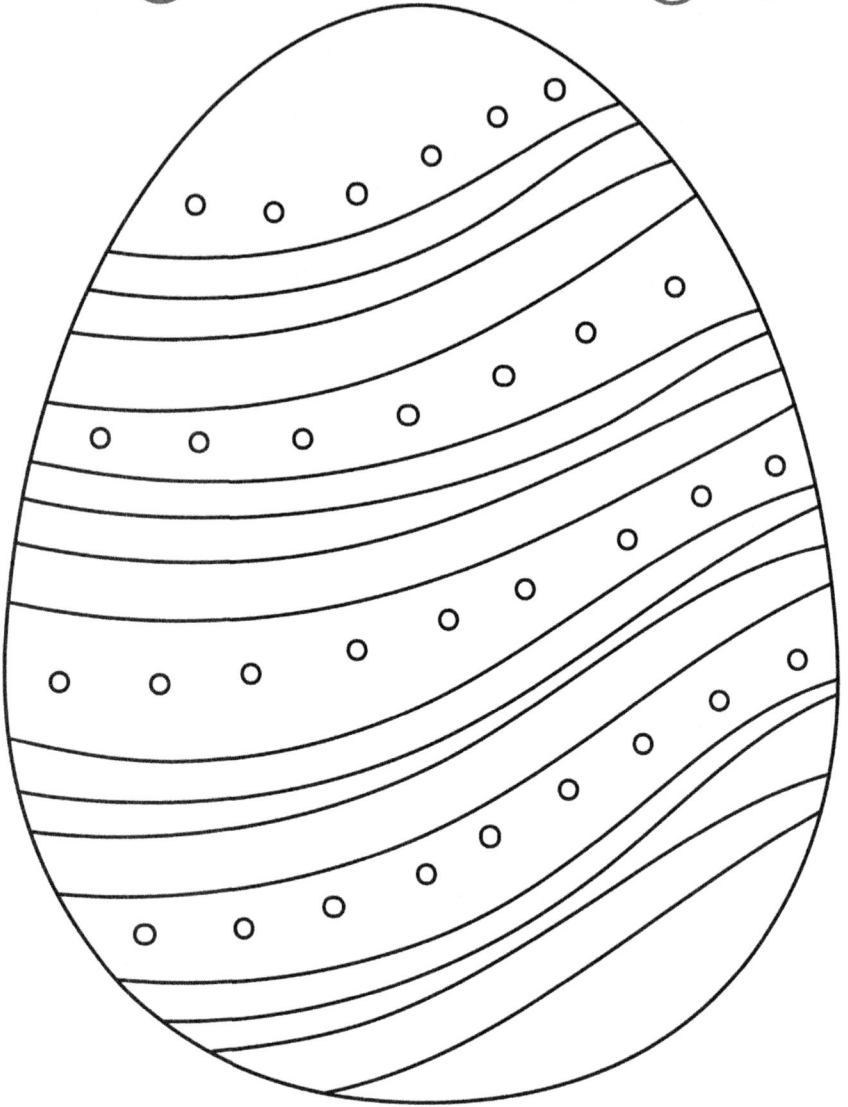

SOLUTIONS

38

39

40

41

SOLUTIONS

42

43

44

45

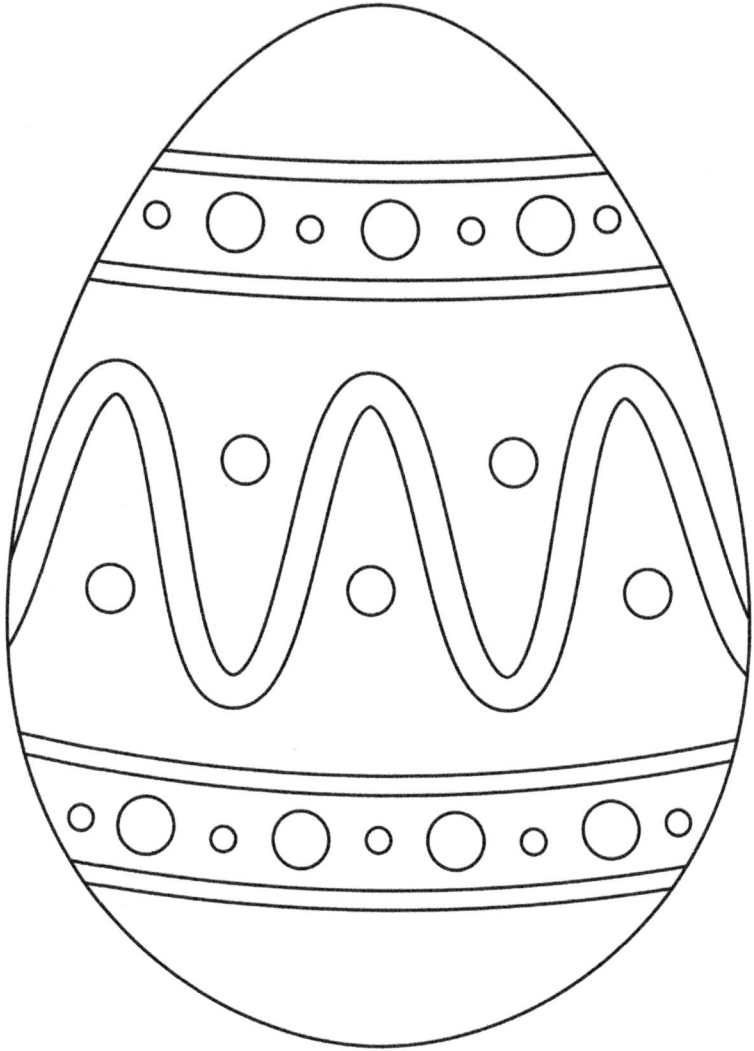

Printed in Great Britain
by Amazon